Opération Bravo

Christine Deviers-Joncour

Opération Bravo

Plon

© Plon, 2000
ISBN : 2-259-19229-7

*La corruption, c'est comme le fumier :
plus on a le nez dessus, moins ça
empeste.*

Jiang Zemin
(Président de la République
populaire de Chine)

1

Putain de République !

Elles sont lisses, leurs formes sont élégantes ; furtives, elles se glissent en eaux troubles ; rien ne leur échappe.

On les dit efficaces, rapides, redoutables, discrètes. Elles ont un parfum de mystère et d'exotisme, et elles coûtent très cher. À cause d'elles, j'ai tout enduré : menaces, injures, humiliations, indifférence et prison. On en a beaucoup parlé sans pour autant rien en dire. Alors, puisqu'on attend des explications, des révélations, des noms, je vais d'abord vous apprendre le leur : Kang Ding, Si Ning, Kun Ming, Di Hua, We Chang, et Cheng Du.

Elles ne sont pas du tout chinoises en fait, mais bretonnes de Lorient.

Six femmes ? Hélas non ! Rien que de froides machines, des bateaux de guerre. Mais pas n'importe lesquels ! Qu'on en juge : 152 hommes à bord, 125 mètres de long, 25 nœuds, 3 800 tonnes, 4 moteurs Diesel, 21 000 chevaux, deux hélices à pas variable ; missiles mer-mer, missiles mer-air, torpilles, tourelles de 76, affût de 40, plate-forme d'appontage pour hélicoptère, systèmes Phalanx, Sea Chaparral, radar Jupiter, sonar Lamproie immersible à 235 mètres pour taquiner le sous-marin. Technologie meurtrière garantie tricolore !

Les voilà donc, les six frégates que la France a vendues à Taïwan en 1991. Dois-je écrire que c'est la France ?

Le moins qu'on puisse dire c'est que la République n'en est pas fière. Peut-on en effet trouver aujourd'hui une seule personne dans l'Hexagone pour affirmer tout simplement : « Les frégates ? C'est moi ! J'endosse la responsabilité de tout ce qui est arrivé ! »

Bien sûr que non ! À lire la presse ou les minutes des instructions (c'est tout un aujourd'hui : plus les dossiers sont vides, plus rapides sont les fuites), aucun membre de l'establishment ne semble concerné. Ceux qui pourraient parler ont perdu la mémoire ou donné leur langue au chat ; d'ailleurs on ne leur demande rien. Et comme l'affaire est venue sur la place publique et qu'il fallait quand même des noms, on a souvent cité le mien.

Je n'étais qu'une femme, ordinaire qui plus est, je veux dire non issue de ces écoles qui, à vingt ans, vous mettent au-dessus de tout soupçon, donc *a priori* « sans compétence ». J'avais aimé un ministre d'État, donc *a priori* « putain ». J'avais reçu beaucoup d'argent, donc *a priori* « voleuse ». J'avais traité avec d'importants hommes d'affaires, donc *a priori* « escroc ». On m'avait embastillée, donc *a priori* « coupable ». Coupable de quoi au fait ? Eh

Putain de République!

bien! De tout ce que je viens de dire : d'avoir été arrêtée, d'avoir côtoyé des hommes d'affaires, d'avoir très bien gagné ma vie, d'en avoir pincé pour un vizir, de n'être qu'une femme comme les autres, peut-être de n'être qu'une femme, tout simplement.

Il n'y a qu'une chose qu'on ne m'ait pas reprochée, c'est d'avoir vendu les frégates, car si on m'avait chargée de ce « péché » on aurait dû m'absoudre de tous les autres. Ce n'est pas mon procès qu'il aurait fallu faire cette fois, mais celui la République. Et la République n'aime pas qu'on lui fasse des procès. Alors on a préféré immoler la « Putain » sur le bûcher des bonnes consciences.

La Putain? Ce n'est pas de mon fait. C'est un magistrat qui, pour faire de l'esprit lors d'un dîner en ville, m'avait affublée, entre la poire et le fromage, de cette épithète providentielle que j'ai fièrement reprise par ironie et qu'on s'est empressé de me renvoyer à la tête par méchanceté et par bêtise. J'ai eu beau l'expliquer mille fois, il n'y a rien eu à faire : je me serais autoproclamée « Putain de la République ». Quand on vous met en croix, il faut bien une pancarte, sinon personne ne comprendrait rien. Ce surnom me colle encore à la peau, comme la tunique de Nessus à celle d'Hercule. Le héros préfère se tuer plutôt que d'endurer ses souffrances. Mais moi qui ne suis pas demi-déesse, je ne me suiciderai pas. Putain de la République? Après tout, tant mieux s'il est des sots que ces quolibets peuvent divertir pendant que leur femme les trompe. Moi, je m'y suis presque habituée.

Quand je ne suis pas la « Putain », je suis l'« ex-maîtresse » de Dumas. Mais on ne dit jamais : Dumas, l'« ex-amant » de Deviers-Joncour ». Car comment oserait-on, en France, définir une femme sans se référer à un homme, surtout s'il est question de pouvoir ?

Pourtant, si je devais récrire *La Putain de la République*, sans doute serais-je plus prudente pour lui trouver un titre. Plus prudente ou plus audacieuse. Car aujourd'hui je dirais sûrement : Putain de République !

On m'a beaucoup reproché d'avoir menti dans ce premier ouvrage.

Bien sûr que j'ai menti ! Et avec quel aplomb en plus ! Je n'en rougis pas un instant. C'était de pieux mensonges. Et encore n'ai-je menti que trois fois.

Oui, j'ai soutenu que mes interventions auprès de Dumas pour la vente des frégates avaient été vaines et qu'il s'était toujours opposé à la conclusion de ce marché. Oui, j'ai prétendu que le grand appartement dont je disposais à Paris, rue de Lille, était destiné à Alfred Sirven. Oui, j'ai laissé entendre que j'avais fait remettre à ce dernier tout ce qu'il me restait de l'argent qu'il m'avait avancé pour l'opération Bravo. Telles sont mes trois contrevérités.

J'ai menti, et alors ? Que ceux qui ne l'ont jamais fait en des circonstances sûrement plus anodines que celles que j'ai connues me jettent une première pierre ! Oui, j'ai menti.

Habituée que j'étais au secret, il me semblait impossible de dire toute la vérité sur une affaire où l'intérêt national était en jeu. Et puis, bien sûr, j'ai voulu protéger Roland Dumas, l'homme que j'ai aimé.

Sirven était mon supérieur direct. C'était à lui d'endosser la responsabilité de ce qui s'était passé. Ses dossiers explosifs sous le bras en guise de viatique, il avait prudemment décampé, muni d'un vrai-faux passeport fourni par les amis du silence, me laissant seule, sans instructions, sans aucun signe de vie, quand la tempête faisait rage. C'était donc comme cela ? Chacun pour soi ? Alors sauve qui peut !

Je me suis retrouvée dans la situation du capitaine Prieur et du commandant Mafart, pris au piège peu avant leur arrestation par les autorités néo-zélandaises, en pleine affaire du *Rainbow Warrior*. Eux, on leur avait au moins laissé un numéro de téléphone pour les urgences. Mais lorsqu'ils s'en sont servis, affolés, une voix administrative et bien entendu anonyme leur a froidement répondu qu'aucune instruction n'avait été prévue pour les tirer de là.

Oui, j'en ai voulu à Alfred de m'avoir abandonnée comme on laisse au feu ses soldats, et d'être allé faire le mort sous les cocotiers en tirant tranquillement sur son havane, tandis qu'ici dans la grisaille on me passait les menottes.

Ma première réaction, guidée par mes avocats, fut donc de déclarer Alfred Sirven responsable. Du moins provisoirement. On se débrouillerait après.

Peu avant mon arrestation, alors que la presse commençait à s'agiter, Dumas s'était voulu rassurant. Je ne risquais rien, disait-il. J'étais malgré tout inquiète : et si j'étais mise en cause ? Si la Justice me demandait de m'expliquer ? Dumas était le mieux placé pour me recommander des avocats. Lorsque je fus incarcérée, les défenseurs qu'il m'avait conseillés me firent clairement comprendre que si je voulais me tirer d'affaire, je devais d'abord le préserver. C'était ma seule chance. Il me renverrait bien entendu l'ascenseur.

À eux, je leur dis pourtant la vérité. Mais ils ne voulurent rien entendre. Un accusé a tous les droits pour se disculper, même de mentir.

Lorsqu'on me libéra, il m'était difficile de sortir de cette ligne de défense où je m'étais engluée.

Mes avocats relurent quatre fois mon premier livre, sous le prétexte que j'étais en instruction et que je ne pouvais pas tout dire, encore moins tout écrire, comme je le fais à présent.

D'ailleurs, si j'avais simplement dit toute la vérité : que l'appartement de la rue de Lille était bien destiné à Dumas, mais qu'il ne l'avait pas vraiment occupé ; que j'avais gardé de l'argent mais qu'il n'était pas pour lui ; et surtout que je n'avais fait qu'exécuter la mission qu'on m'avait confiée, personne ne m'aurait crue, et l'on aurait vite conclu que je n'étais que le prête-nom de Son Excellence, que je finassais, que je me moquais du monde.

Toute la vérité ? Un outrage à magistrat peut-être. Un outrage médiatique sûrement ; car la campagne engagée dès mon arrestation en novembre 1997 n'avait pas d'autre but, à l'évidence, que de contraindre le président du Conseil constitutionnel à une rapide démission. Quand il y a une place à prendre, on ne fait pas de cadeaux.

J'ai protégé Roland Dumas jusqu'au mois de mars 1999. Et pourtant je ne lui ai jamais donné d'argent. Je sais bien que, dans l'esprit de certains, j'aurais été une porteuse de valises idéale, mais tel ne fut pas mon rôle.

Mais alors pourquoi ai-je reçu 59 millions?

Une autre explication n'a pas tardé à être avancée. Roland Dumas, usant de sa position ministérielle, se serait servi d'Elf-Aquitaine pour qu'on accorde des privilèges à sa sultane. Ainsi m'aurait-il fait accorder par Sirven une rente à la mesure de mon train de vie de « cocotte ». Ainsi aurait-il usé de sa prestigieuse autorité pour qu'on m'achète un somptueux appartement dans un des ghettos huppés de la rive gauche caviar.

C'est en s'appuyant sur de telles fables que je suis vite devenue une « courtisane ». Celles qui en savaient long sur l'art de s'allonger sous les vieillards n'ont pas été les dernières à propager la nouvelle : Elf payait la maîtresse de Dumas. Emploi fictif! L'idée était assez astucieuse pour régaler les lecteurs d'une certaine presse et détourner un moment l'attention de l'essentiel. Idée néanmoins absurde.

D'abord parce que gratifier Dumas d'une pareille générosité serait méconnaître sa ladrerie pourtant légendaire. Était-il nécessaire qu'on lui paie une femme, lui qui toute sa vie les avait collectionnées et tant de fois utilisées?

Ensuite, parce qu'il ne fait aujourd'hui de doute pour personne, à voir la manière malhabile dont je me suis défendue, ou plutôt débattue, que j'étais amoureuse de lui. Qu'en était-il de son côté ? Je pense que Dumas a un moment partagé l'affection que je lui portais, mais cela ne signifie pas pour autant qu'il fût un enfant de chœur et qu'il n'ait pas espéré, un temps, tirer parti de l'ambiguïté de la situation. Mais cela, à mon sens, relève plus de la morale que de la justice. Pour lui, comme pour Mitterrand, c'est l'Histoire qui jugera. L'Histoire, supplice posthume des ambitieux !

Alors pourquoi m'avoir payée, si je n'étais ni une porteuse de valises, ni une prostituée ? Tout simplement parce que le rôle d'Elf-Aquitaine depuis sa fondation, en 1966, sous la houlette de Pierre Guillaumat, homme de l'ombre s'il en fut, était non seulement d'assurer l'indépendance énergétique de la France, mais aussi, accessoirement, de « subventionner » les politiques et de mener dans la clandestinité des missions officieuses à l'étranger, en Afrique, et Dieu sait où encore. Ces actions ont toujours été effectuées en bonne intelligence avec le ministère des Affaires étrangères et les services secrets, c'est-à-dire le SDECE (Service de documentation extérieure et de contre-espionnage), devenu DGSE (Direction générale de la sécurité extérieure) : « piscine » pour les profanes, « crémerie » pour les intimes.

Le SDECE, puis la DGSE avaient leurs agents à Elf-Aquitaine. Sirven lui-même était à l'occasion un espion français. Un espion exemplaire, parce qu'il ne l'a jamais dit et qu'il ne le dira jamais. S'il a rendu des services à son pays, notamment en finançant les opérations les plus délicates de la « crémerie », comme la plupart des hommes de l'ombre, il disparaîtra avec ses secrets.

Il y avait aussi des « agents » comme moi, électrons libres ne relevant d'aucun service officiel ou officieux, et n'ayant pas de couverture en cas de malheur, mais faisant au fond le même travail : renseignement toujours, action quelquefois.

Peu après que Dumas fut devenu ministre, Elf-Aquitaine avait besoin d'un contact fiable au Quai d'Orsay. J'étais là au bon moment, et les relations étroites que j'avais avec le chef de notre diplomatie étaient un atout particulièrement précieux.

Avant de connaître Dumas, j'ai d'abord rencontré sa femme, en janvier 1987, au cours d'un dîner organisé chez mon second mari, Claude Joncour, auquel participait Irène Dayan, une amie de François Mitterrand qui comptait au nombre de nos intimes. Elle avait convié Anne-Marie Dumas.

Quelques jours après, j'avais appelé chez les Dayan, pour joindre mon amie Paule, la fille d'Irène. Une femme m'avait répondu. C'était Anne-Marie Dumas. Elle vivait à Saint-Selve, près de Bordeaux, et, lorsqu'elle montait à Paris, logeait chez les Dayan, pour éviter des rencontres déplaisantes chez Roland.

Anne-Marie Dumas profita de mon appel téléphonique pour me dire que son mari aimerait bien me rencontrer. Elle me demanda si elle pouvait lui communiquer mon numéro. J'acceptai.

Un mois plus tard, le téléphone sonna. C'était lui. Je ne le connaissais pas, mais il me demandait déjà un rendez-vous. Ce serait au célèbre café des Deux-Magots à Saint-Germain-des-Prés. Mon ex-époux, Jean-Jacques de Peretti, avait l'intention de se présenter dans la Dordogne aux prochaines élections législatives, qui risquaient d'être anticipées si Mitterrand était réélu. Dumas avait la même idée. Je me doutais bien que c'était à ce sujet qu'il voulait me voir. J'hésitai un peu, car Jean-Jacques était le père de mon fils aîné. Mais j'acceptai finalement, pour ne pas paraître désobligeante. Je le laisserais parler. Je verrais bien ce qu'il voulait.

C'était la fin d'un après-midi froid et pluvieux. Je suis arrivée la première et me suis installée au fond de la salle. Un point stratégique pour le voir venir.

Emmitouflé dans un pardessus bleu marine, un vague sourire aux lèvres, il vint directement à ma table, d'une démarche assurée et nonchalante, comme s'il me connaissait déjà. Je lui précisai d'emblée qu'il ne serait pas question de parler du père de mon fils. Il n'insista pas. Il ne doutait pas du succès de Mitterrand à la présidentielle. Dans cette hypothèse, l'Assemblée nationale serait dissoute, et il deviendrait député de la Dordogne. Il savait sûrement que s'il obtenait ce mandat, il y renoncerait aussitôt pour retrouver le Quai d'Orsay, mais il n'en souffla mot.

Pour se faire élire, il cherchait des appuis locaux. Ma famille, établie dans le Périgord, était attachée à une tradition socialiste, et soutiendrait le candidat de gauche contre Peretti. Dumas émit alors le souhait de rencontrer mes parents.

Plusieurs fois jusqu'à l'été, j'eus l'occasion de le revoir. Il vint tout spécialement me saluer en Dordogne au milieu du mois d'août de cette année 1987.

Notre liaison ne commença qu'à la fin du mois de novembre. Dumas était étonné d'avoir dû faire la cour aussi longtemps à une femme. Ce n'était pas dans ses habitudes.

Dès notre première rencontre, je lui avais trouvé du charme. Mais je sentais aussi, chez cet homme trop sûr de lui, quelque chose qui me faisait peur. Je n'arrivais pas à définir exactement ce que c'était.

Claude Joncour, mon mari, savait que je connaissais Dumas. Je ne lui avais pas dit ouvertement la nature de nos relations, mais il s'en doutait, et le vivait très mal, évidemment.

Claude avait eu une occasion professionnelle de rencontrer Alfred Sirven, et de lui dire que nous étions en relations avec Roland Dumas. Cela intéressa beaucoup Alfred. N'ignorant rien de la réputation de séducteur de Dumas, il comprit tout de suite la situation, et l'intérêt qu'elle pouvait présenter.

Sirven fut invité à dîner chez nous en janvier 1988. Il ne fit pas mystère de ses intentions. Il avait prévu que Mitterrand obtiendrait un second mandat. Dumas serait à nouveau appelé à occuper un important ministère.

À cette époque, Loïk Le Floch-Prigent traversait le désert. Cela durait depuis près de deux ans, puisqu'il avait perdu la présidence de Rhône-Poulenc en 1986, au moment de l'arrivée de la droite. Sirven avait été son conseiller dans cette entreprise. Depuis, grâce à des sociétés « relais » qu'il dirigeait, Alfred avait pris en charge son ancien patron, et s'occupait de le recaser.

— Il faut bien que je le fasse manger en attendant ! soupirait-il avec attendrissement. Il n'avait rien prévu pour la saison sèche ! J'espère que ça lui servira de leçon !

Le choix de Sirven pour le retour de son poulain s'était porté sur la compagnie Elf-Aquitaine, dont la présidence allait se libérer au printemps de l'année suivante. Michel Pecqueur, en poste depuis 1983, achevait son mandat. Il ne serait pas renouvelé. La gauche devrait trouver un candidat. Alfred avait décidé que ce serait Le Floch, dont il deviendrait l'adjoint. Dumas était l'ami de Mitterrand : il pourrait le convaincre. Je devais passer le message. En récompense, Claude Joncour obtiendrait un poste de haut niveau chez Elf.

Quelques semaines plus tard, Sirven, qui ne me lâchait plus, nous amena Le Floch pour dîner. Irène Dayan était là.

À quelques jours des présidentielles, j'invitai pour un nouveau dîner Dumas, Sirven et Le Floch-Prigent.

Si Dumas et le Floch se connaissaient un peu, en revanche Sirven et Dumas n'avaient jamais eu aucun contact. C'est ce jour-là, et chez moi, qu'ils se rencontrèrent. Claude Joncour assista à ce dîner. Il était évidemment mal à l'aise. Je me souviens du plan de table. Dumas entre Le Floch-Prigent et moi, Sirven à ma gauche, Joncour entre Sirven et Le Floch. Ce dernier fut intarissable sur sa carrière. Dumas écoutait. Je l'avais déjà prévenu des raisons de sa présence. L'embarras de mon mari l'amusait beaucoup.

Claude Joncour, faisant des efforts, avait complimenté le ministre sur le choix de sa cravate. Lorsque je raccompagnai Dumas, ce dernier me glissa à l'oreille qu'il se proposait de l'offrir à mon époux. Je me dispensai, évidemment, de rapporter cet affront à l'intéressé.

Dans les semaines qui suivirent, Dumas prit un plaisir évident à briser tous les liens qui m'unissaient encore à Claude Joncour. Il parlait de temps en temps de vivre avec moi. J'étais encline à le croire. Mais je me trompais.

Au mois de juin, après la réélection de Mitterrand et la nomination de Dumas en qualité de ministre d'État chargé des Affaires étrangères, Sirven revint à la charge au sujet d'Elf. Il avait entendu dire que les polytechniciens du corps des Mines bataillaient ferme pour tenter d'imposer leur candidat. Il me demanda de partir en urgence à Vienne pour convaincre Dumas, qui participait à une conférence européenne. Je m'exécutai.

J'arrangeai un nouveau dîner à la rentrée de 1988, en évitant, cette fois, d'y convier mon mari, que je ne voulais pas exposer à une nouvelle humiliation. Dumas et moi nous rejoignîmes Sirven et Le Floch dans un salon privé du restaurant Laurent, dans les jardins des Champs-Élysées.

La question de la nomination de Le Floch fut franchement abordée. Dumas promit de tout faire pour réussir à convaincre Mitterrand.

Sept mois plus tard, en mai 1989, Loïk Le Floch-Prigent fut nommé administrateur, puis président d'Elf-Aquitaine, grâce à l'intervention de Roland. N'en déplaise à Le Floch, qui l'a toujours nié par la suite. On doit souvent le poste qu'on occupe à l'intervention de quelqu'un. Cela n'enlève sans doute rien au mérite personnel, mais c'est dur pour l'ego, surtout si derrière le bienfaiteur se cache une bienfaitrice.

Sirven devint lui-même, comme prévu, le numéro deux de la compagnie pétrolière. Mais il oublia vite les promesses faites à Claude Joncour.

Il songea vaguement, pendant l'été, à me recruter pour travailler aux affaires internationales de la compagnie. Mais rien ne pressait. Je n'étais pas vraiment décidée à accepter cette mission, du reste encore indéfinie. Mes projets étaient de rester une femme ordinaire, aux côtés de l'homme que j'aimais, et de continuer à m'occuper de Kairos, ma petite société de communication.

Je parlai néanmoins à Dumas de l'idée d'Alfred. Il fut enthousiaste et me persuada d'accepter. J'ai mis longtemps à comprendre qu'il y avait son intérêt. Je ne deviendrais pas seulement l'agent d'Elf auprès de lui, mais également l'inverse! Il disait que j'étais faite pour accomplir des choses importantes, qu'il me fallait un travail à ma mesure.

J'appris plus tard qu'il avait forcé la main à Sirven et à Le Floch, en fermant purement et simplement les portes du Quai à Elf jusqu'à ma nomination. J'avais quitté Claude Joncour. Dumas ne voulait pas se retrouver avec une femme divorcée à sa charge.

C'est dans ces conditions que je fus recrutée chez Elf à l'automne 1989, pour servir de lien avec le

Putain de République !

Quai d'Orsay. Je finis par m'enthousiasmer pour ce travail qui me permettrait de voir Dumas régulièrement. La mission que je devais accomplir, compte tenu de la personnalité du ministre, nécessitait évidemment une part importante de représentation, ce qui n'était pas pour me déplaire. Et puis, j'avais besoin d'argent, et je souhaitais être indépendante.

Le travail que j'ai fait, d'autres l'ont accompli avant moi, d'autres le font dans l'ombre au moment même où on lit ces lignes et d'autres le feront demain. Après tout ce tohu-bohu, je leur souhaite de tout cœur bonne chance !

Étais-je le seul « agent » d'Elf au Quai d'Orsay ? D'autres entreprises ou services procédaient-ils de même ? Je me le suis souvent demandé. Ce n'est sans doute pas un hasard si Gérard Pardini, par exemple, ancien de la DGSE spécialisé dans les questions africaines, qu'on retrouva plus tard en Corse, avait été nommé chef de cabinet de Dumas. Il faisait naturellement partie des voyages où j'accompagnais le ministre. Je le vois encore, plaisantant dans l'avion, avec sa chemise kaki de baroudeur. Mais la discrétion qu'imposaient mes activités m'interdisait généralement de poser des questions. Sirven n'aimait pas cela, et d'ailleurs il ne m'aurait pas répondu.

J'ai donc reçu un salaire d'Elf, aux termes d'un premier contrat signé par André Tarallo, de 40 000 F mensuels. Puis, au bout de trois mois, Elf décida, sans que je demande rien, de me faire verser d'un côté par Elf Impex à Paris 11 000 F, de m'allouer de l'autre une rémunération complémentaire de 40 000 F par Elf-Aquitaine International, la filiale suisse que Sirven avait en charge. D'autres que moi émargeaient sur cette société satellite, dont le pavillon abritait toutes sortes de marchandises. On a retrouvé une liste, sans doute épurée, de quarante-quatre noms – pour l'essentiel des personnages de second plan – dont celui de mon premier mari, Jean-Jacques de Peretti, qui finit par être élu député de la Dordogne en 1993, et deux ans plus tard nommé ministre de l'Outre-mer dans le gouvernement d'Alain Juppé. Ironie du sort, nous fûmes de nouveau réunis dans la grande lessiveuse nationale, après nous être baignés dans les mêmes marigots pétrolifères, lui l' « aristocrate », et moi la « roturière ».

Mais la vraie liste est bien plus longue. En la mettant au jour et en la décryptant, on aurait sûrement une meilleure idée des pratiques en cours, depuis le début de la Ve République, et probablement avant.

Si beaucoup d'emplois auxquels correspondaient les rémunérations versées par Elf-Aquitaine International étaient plus ou moins fictifs, il se trouve que le mien ne l'était pas.

Mes frais étaient couverts par une carte de crédit que j'ai utilisée sans états d'âme, comme le font beaucoup de cadres d'un certain niveau, dans toutes les sociétés, et même certains hauts fonctionnaires, sans qu'on crie pour autant à l'abus de biens sociaux. Ces frais se sont élevés à 1,3 million en trois ans et demi.

Mon travail ne m'obligeait pas à passer la journée dans un bureau et il est normal qu'on ne m'ait

Putain de République!

pas vue très souvent à la tour Elf. Je devais tout simplement passer le plus de temps possible avec Dumas, lui rappeler sans cesse les exigences d'Elf dans les dossiers pour lesquels la position du Quai d'Orsay était déterminante. En somme, le poursuivre partout où il se rendait, aux quatre coins du monde. Ma valise était toujours prête et Sirven me faisait parfois lever au milieu de la nuit pour partir à la chasse au ministre, après un rapide breefing. S'il le fallait, on mettait à ma disposition le Falcon 900 de Le Floch pour décoller sur-le-champ. Ainsi ai-je sillonné la Terre et rencontré les puissants du moment. Sans illusions, car je savais que ce tourbillon n'était qu'éphémère et dérisoire.

Les obséquieux du Quai enrageaient de me voir si souvent.

J'ai appris à compter sans m'émouvoir en dizaines de millions, en centaines de millions, en milliards, à parler de plates-formes de forage, d'oléoducs, et parfois d'armes aussi :

– Dumas [c'était ainsi que je l'appelais affectueusement], avez-vous fait quelque chose pour notre raffinerie ? Que dois-je dire à Alfred ?

– Ne vous inquiétez pas, je m'en occupe, les choses avancent, mais il faut un peu de patience ! Nous en parlerons demain !

Et le lendemain il avait disparu : il fallait le retrouver dans la journée.

Abus d'influence ? Non, ce n'était pas pour modifier ou obtenir des décisions que j'œuvrais, mais pour sensibiliser un homme d'État aux problèmes commerciaux d'une grande entreprise nationale. Après tout, je travaillais pour la France.

Je ne me préoccupais guère des questions matérielles. J'avais les moyens d'inviter Dumas dans des restaurants dignes d'un ministre ou de lui offrir de petits présents ? Il était ravi et insouciant. C'est dans ce contexte que s'inscrit le fameux épisode de la paire de chaussures « double-Smic ». J'ai avancé 11 000 F pour Dumas avec la carte de crédit mise à ma disposition par Elf. Il ne m'a jamais remboursée : c'est un fait. Ce n'est pas un crime.

Roland Dumas savait parfaitement quel était mon rôle. Quand je devais le convaincre, bien sûr, il me tenait souvent tête, mais j'étais assez proche de lui pour dire clairement tout ce que je pensais. Quand il ne faisait pas la sourde oreille, il nous arrivait de discuter longuement sur les dossiers, et d'échanger nos points de vue. Il parlait diplomatie. Je défendais Elf. Au fond, c'était la même chose.

Je rendais scrupuleusement compte à Sirven, au jour le jour. Nous habitions le même immeuble, dans deux appartements de fonction, près des Champs-Élysées, et le soir, il n'hésitait pas à venir sonner chez moi, bonhomme, quelquefois en robe de chambre, son éternel cigare vissé aux lèvres.

Alfred était trapu, massif, avec des petits yeux rieurs, un rire sonore, et un accent chantant. Un homme du Sud, chaleureux et sanguin.

Il aimait la vie, sans être jouisseur. Il avait un grand sens de la famille et de l'honneur. Il respectait les femmes, à commencer par la sienne, en très mauvaise santé, à laquelle il était très attaché. Moi, il me traitait comme si j'avais été un homme, d'une manière franche et bourrue, dans un esprit de camaraderie quasi militaire. Nos relations n'ont jamais été entachées de la moindre ambiguïté. Nous étions tous deux des terriens de langue d'oc, rebelles et sceptiques, méfiants à l'égard du centralisme et de la technocratie.

La politique et les affaires n'avaient pas de secrets pour lui. À travers son métier, il savait tout sur tout le monde, jusque dans les moindres détails. Il connaissait les faiblesses des puissants, et il avait pu constater depuis longtemps à quel point les hommes de la République étaient corrompus et corruptibles.

Il était volubile mais toujours discret. Quand il lançait des jugements à l'emporte-pièce sur tel ou tel, c'était généralement allusif.

C'était un pessimiste. Il n'avait plus d'illusion sur la nature humaine, ce qui ne l'empêchait pas, à l'occasion, de faire preuve de beaucoup de délicatesse, et même de trahir une certaine sensibilité, qu'il avait du mal à cacher et qu'il travestissait souvent sous forme d'imprévisibles colères.

À l'époque où je l'ai connu, il semblait heureux, épanoui, mais au fond de lui-même, je suis sûre que le monde dans lequel il évoluait n'était pas celui qui correspondait à ses valeurs.

Dans sa maison de campagne de l'Orne, où il m'invitait quelquefois, le temps d'un déjeuner, il apparaissait tel qu'il était : un homme simple, presque rustique, aimant tailler ses roses et cultiver son jardin. Un père tranquille.

On a dit qu'il aimait l'argent, qu'il avait de gros besoins. Je l'ai connu prodigue. Son métier l'amenait à faire preuve de générosité à l'égard des uns et des autres. Cela lui faisait réellement plaisir. S'il s'était attaché à constituer une fortune, c'était pour se préserver. S'il faisait des affaires, cela restait toujours ludique. Il ne se prenait jamais au sérieux.

Il avait l'habitude de pester à propos des politiques de tous bords.

Il ironisait particulièrement sur ceux qu'il avait pour mission d'« aider ». Ses allusions visaient surtout les socialistes, qu'il trouvait un peu trop boulimiques. Les longues années qu'ils avaient passées dans l'opposition, à voir les gâteaux défiler, le nez écrasé sur la vitre, sans être jamais conviés au festin, ne justifiaient pas, aux yeux d'Alfred, qu'ils se comportent en loups faméliques et malappris. Non, ces gens-là n'avaient pas de manières. Pas même le souci de sauver les apparences. Il y avait façon et façon de recevoir son écuelle. Et puis il y avait des limites aussi. On ne se sert pas tout seul.

Alfred préférait le cynisme de la droite. Ceux-là au moins savaient laper discrètement leur pitance, sans la gourmandise insupportable des parvenus, et sans la prétention de vouloir donner des leçons de maintien aux autres.

À entendre Sirven, ses journées se passaient à remplir avec l'argent d'Elf les sébiles tendues. Les grosses « subventions » étaient expédiées par virements sur des comptes occultes à l'étranger, généralement en Suisse ou au Luxembourg.

Mais, pour les transactions modestes ou pour les vrais habitués, soucieux d'encore plus de discrétion, le liquide était toujours préférable : pas de traces, pas vu, pas pris !

Putain de République !

Alfred s'est toujours bien gardé de me mêler à cet aspect peu orthodoxe de ses fonctions. Parce qu'il avait, je crois, de l'affection pour moi. Il souhaitait me protéger. Apparemment, cette distribution des rations le divertissait beaucoup. Il aimait jouer au Père Noël. Et dans les milieux politiques, c'est Noël toute l'année. On n'aime pas beaucoup le carême.

Lorsqu'il m'en parlait, j'ouvrais de grands yeux, et feignais de ne pas le croire pour le pousser à me livrer quelques anecdotes.

Mais les allusions à des faits précis étaient rares. Lors de ses moments de colère, il en disait un peu plus, jamais beaucoup. Quelques noms étaient parfois lâchés, mais les circonstances, et surtout les sommes, n'étaient jamais précisées. Apparemment, toute la classe politique était concernée. Gauche, droite, centre, extrêmes. Alfred découpait le gâteau au prorata de l'audience électorale. Avec l'impartialité d'un vrai professionnel, il « encourageait » la vie politique nationale. Il prodiguait à ses élus, à ses ministres, à ses hauts fonctionnaires, les mêmes soins que ceux qu'il pouvait dispenser à son petit élevage ovin de l'Orne, dont il était si fier.

Je lui disais souvent qu'il devait sûrement exagérer. Alors, un jour où il partait faire sa « tournée » – car les livraisons se faisaient à domicile – il avait ouvert, pour me convaincre et m'ôter mes dernières illusions, le coffre de sa voiture. J'avais pu m'apercevoir qu'il ne plaisantait pas. Il m'avait montré, en soulevant une couverture, des liasses de billets soigneusement empilées, comme dans les films. Un demi-mètre cube de billets de 500, ça doit faire une somme rondelette. Et c'était la distribution d'une seule journée. Les spécialistes pourront toujours se livrer à des calculs...

Il fallait bien « donner à manger » aux partis politiques.

Les métaphores d'Alfred étaient toujours d'ordre culinaire ou agricole. En père tranquille, il engraissait son cheptel.

Pour le transport, il avait bien quelques « commis », quelques « livreurs », formés par ses soins. Les politiques aussi avaient les leurs. Il était convenu qu'ils avaient le droit de prélever une petite ristourne au passage. Quelques liasses ou quelques valises. Cela dépendait du montant. Parfois, il y avait des erreurs de livraison ou des bagages qui se perdaient. C'est pour cela qu'Alfred préférait faire le travail lui-même.

Pour me taquiner, il lui arrivait de faire des allusions perfides à mon ex-mari, Jean-Jacques de Peretti. Mais je n'ai jamais voulu le croire, l'intéressé, lorsque je le questionnais, ayant toujours démenti, bien entendu.

Si l'argent versé par Alfred était destiné aux partis, beaucoup d'hommes politiques et de responsables ministériels avaient aussi de petits besoins qui se traitaient en liquide. Sirven, toujours selon les mêmes critères, s'était constitué une clientèle privée qui lui ouvrait toutes les portes, même les plus hautes. C'était les voiles du bateau à changer et la propriété à entretenir pour un conseiller de l'Élysée. Des travaux dans une gentilhommière

Putain de République !

vétuste pour un autre. Il fallait bien qu'ils tiennent leur rang. Mais certains exagéraient. Alors Alfred les grondait gentiment. Après, quand ils avaient compris, ils venaient lui « manger dans la main ».

Parfois, il fallait sponsoriser des réalisations plus importantes, pour faire plaisir aux notables. Le circuit automobile de Magny-Cours, du côté de Nevers, était une des bêtes noires de Sirven. Cela coûtait très cher à la compagnie nationale.

Lorsque je commençai à travailler pour Elf, Dumas n'ignorait rien de ces pratiques. Il tentait de me faire dire si je savais qui touchait, et à quelle hauteur. Il se plaignait de n'être lui-même pas très gâté. Je finis par transmettre le message à Alfred, qui protesta. Cette fois-là, je ne réussis à obtenir pour Dumas qu'un achat d'espace publicitaire dans le journal électoral du député de la Dordogne pour deux parutions. Plus tard, le financement, pour deux ans, de la *Lettre du quai de Bourbon*, que Dumas publiait clandestinement, pour vider son sac, avec l'aide des plumes les plus alertes de son cabinet qui ne répugnaient pas à ces exercices. Tout le monde se réunissait au siège de ma petite société, sans ignorer, pas plus que Dumas, que c'était les hydrocarbures nationaux qui payaient.

Sirven m'avait expliqué que Le Floch, chez Rhône-Poulenc, n'avait jamais voulu ou su se livrer à ces dérives, pourtant courantes dans la plupart des grandes entreprises, et que cela l'avait desservi. En 1986, on l'avait mis dehors « comme un malpropre », et il serait « mort de faim sur sa paillasse si Tonton Alfred ne l'avait pas ramassé pour aller le porter sur son dos, presque inanimé, jusqu'au dernier étage de la tour Elf ». Alfred avait gardé de l'Indochine le sens de la camaraderie. On n'abandonne pas les blessés.

Pour rester longtemps en place à la tête d'une entreprise nationalisée, la bonne recette n'était pas de bien gérer, ni même de faire de la politique. Il suffisait d'arroser tout le monde.

En arrivant chez Elf, Alfred espérait bien que cette première expérience servirait de leçon à Loïk.

Dans le travail, mon mentor n'était pas toujours patient. Lorsqu'une affaire se concluait, ou lorsqu'une négociation était difficile, j'arrangeais et préparais les rendez-vous pour passer le relais à mes supérieurs : Alfred Sirven ou Loïk Le Floch-Prigent.

Mes activités chez Elf auraient pu se limiter à cela. Mais il s'est trouvé qu'au début de l'année 1990, une société nationalisée, Thomson, qui voulait vendre des armes à Taïwan, malgré l'opposition de Mitterrand et par voie de conséquence du Quai d'Orsay, a eu l'idée de me demander de jouer auprès de Dumas un rôle comparable à celui que je tenais déjà pour Elf.

Le contrat était énorme : en tout 38 milliards. Pour avoir un ordre de comparaison : 3 % du budget annuel de l'État, 0,5 % du PIB national !

Les intérêts de Thomson, comme on le verra, n'avaient *a priori* rien de contradictoire ni avec ceux de la France, ni avec ceux d'Elf-Aquitaine, puisque là où il y a du pétrole à acheter, il y a toujours des armes à vendre et des coups tordus à préparer, comme il se doit, pour faire baisser le prix du brut et monter celui des canons.

Alfred Sirven m'ayant donné l'ordre de vendre les frégates coûte que coûte, avec la bénédiction d'Elf et de Thomson, je n'ai fait qu'obéir et j'ai fini par persuader Dumas non pas de prendre une décision qui ne lui appartenait pas, mais d'arrêter de nous mettre des bâtons dans les roues. Pas pour de l'argent, parce qu'au début on ne m'avait rien donné ; on ne m'avait même rien promis.

Ce dossier, « ultrasensible » comme on dit, avait reçu un nom de code : Opération Bravo-Tango. Bravo pour les frégates, Tango pour le reste : Mirage 2000-5 de Dassault et missiles Mica de Matra.

Thomson était le maître d'œuvre, car c'est l'électronique embarquée qui coûte le plus cher. L'agent, c'était moi, sous la responsabilité d'Alfred Sirven, agissant lui-même pour Elf-Aquitaine.

Plus tard, on a fixé une commission dans un contrat en bonne et due forme pour les intermédiaires qui travailleraient sur le dossier, à savoir : Sirven, moi, et accessoirement quelques contacts en Asie. Si le contrat était conclu, nous recevrions 1 %. Sinon rien.

Pourquoi la commission devait-elle revenir aux agents d'Elf-Aquitaine et non pas à l'entreprise elle-même ? Parce que 1 % pour Sirven et surtout pour moi c'était beaucoup, mais pour Elf, c'était négligeable. Qu'on se rassure pour la compagnie pétrolière ! Elle n'a jamais perdu de vue ses intérêts :

en prêtant ses agents à Thomson, elle se ménageait de fructueux renvois d'ascenseur, autrement plus importants que notre rémunération.

Si, durant une année, j'ai harcelé Dumas pour que les frégates soient vendues, ce n'était pas du harcèlement sexuel, n'en déplaise à ceux qui préféreraient se délecter d'un épisode un tantinet graveleux qui n'aurait pas affecté le cours de l'Histoire. Je n'ai rien à voir avec Monica Lewinsky. Et Dumas n'est pas Clinton, heureusement. D'ailleurs, je préfère le bel canto au saxophone. Quant aux effluves de cigare, c'était le privilège d'Alfred, et ceux-là n'avaient rien de sulfureux.

J'estime donc avoir fait mon travail. Reste à savoir quelles sont les vraies raisons qui ont amené la France, et Dumas, à autoriser cette transaction. Elles dépassent évidemment le simple rôle d'intermédiaire que j'ai pu tenir. À l'époque, j'étais pourtant très fière, estimant que mon action avait été déterminante. Les années ayant passé, d'autres informations me sont parvenues et je me suis rendu compte que je n'étais qu'un des éléments d'un puzzle plus alambiqué que je ne pensais. Jour après jour, j'ai essayé de mieux entrevoir ce qui s'était vraiment passé, et peu à peu je crois être arrivée à reconstituer sinon la totalité, du moins une bonne partie du puzzle, avec cette certitude qui est aussi, j'en suis sûre, celle de Sirven : c'est que la prétendue affaire Elf, qui a fait couler tant d'encre, n'a été, en réalité, qu'un écran de fumée destiné à masquer une escroquerie qui n'a même pas encore de nom aujourd'hui. Il s'agit, à n'en pas douter, d'un des plus énormes scandales politico-financiers que la France ait connus depuis la guerre.

Pourquoi me suis-je intéressée à tout cela plutôt que de retourner, comme quelques-uns l'auraient sûrement espéré, à mes casseroles ou à mon tricot ? D'abord parce que démêler l'écheveau compliqué de l'opération Bravo, c'était trouver les vraies raisons qui m'ont conduite en prison. Il n'y a rien de pire que de souffrir sans comprendre.

Ensuite, parce que je suis curieuse. Dumas m'a toujours intriguée. J'ai cru tout savoir de cet homme. Pourtant, aujourd'hui encore, bien des traits de sa personnalité complexe m'échappent. D'autres, malheureusement, se sont révélés au gré des circonstances. J'en suis même venue à me demander dans quelle mesure il ne m'avait pas utilisée sciemment, machiavéliquement, comme un paravent, un bouc émissaire ou un gilet pare-balles. Cinq mois de prison pour défendre un homme qui s'avère différent de ce qu'on croyait, rétrospectivement, c'est assez dur ! Bref, j'ai été déçue.

D'aucuns se sont étonnés ou offusqués qu'au début de l'année 1999 j'aie commencé à dire des choses que j'avais jusqu'alors gardées pour moi. La raison en est très simple. Dumas s'est montré complètement indifférent à mon incarcération, alors que j'aurais pu facilement éviter la prison en disant tout de suite deux ou trois choses que je savais de lui. Pendant que je croupissais dans une geôle crasseuse de Fleury-Mérogis, il s'occupait, entre deux réceptions parisiennes, à aménager son appartement, sans doute pour s'assurer de nouvelles conquêtes. Il ne semblait soucieux que de s'accrocher à ses vaines préséances, de braver l'opinion une fois de plus, et d'échapper à la justice ordinaire, préférant la cour de la République, plus à sa mesure puisque les procédures y sont lentes et les décisions jusqu'ici plutôt indulgentes pour les prévenus.

Quel dégoût ai-je éprouvé lorsque j'ai été informée de ces détails après ma levée d'écrou !

Les premiers temps, l'ex-ministre, suffisant et hautain, ne s'exprimant qu'au travers des rodomontades de ses deux arrogants confrères, affectait de ne pas me connaître. J'étais une « mythomane », une « romancière », une maîtresse parmi tant d'autres, dont il aurait presque oublié le nom et surtout l'adresse.

Pourtant, lorsqu'il a dû s'expliquer devant ses juges, Dumas a eu tôt fait de retrouver la mémoire, comme par un inexplicable retour de flamme.

Plus grave : il s'est indirectement approprié des documents que je détenais. Ce qui était compromettant pour lui, il l'a détruit. Mais il a cru utile de faire circuler par voie de presse un « testament » que j'avais écrit en prison et dont il croyait qu'il l'innocenterait.

Certains de ses proches, un peu « à la limite » pour reprendre l'expression de Michel Rocard, sont même allés jusqu'à essayer de me faire chanter parce qu'ils savaient que j'avais gardé de l'argent. Dumas, bien entendu, le savait aussi. Il pensait que j'allais me taire et tout accepter à cause de cette cachotterie.

Putain de République!

Je me suis rendu compte très vite qu'au train où allaient les choses, je risquais de me retrouver seule au banc des accusés d'un tribunal correctionnel, tandis que les responsables et les coupables finiraient par se dérober aux questions embarrassantes de la Justice.

Quand je parle de responsables, ce n'est pas Sirven que je vise. Certes, il amuse la galerie médiatique dans une partie de colin-maillard burlesque et finalement ridicule puisque ceux qui le cachent savent forcément où il est, et que les limiers qui le traquent – ou font semblant – savent parfaitement, à moins d'être stupides, qu'il ne dira rien. On l'a chargé de tous les maux, puisque les absents ont toujours tort. C'était oublier un peu vite qu'il n'a fait, comme moi, que son travail, en obéissant à des ordres supérieurs ; qu'il n'a été que le dépositaire de la majeure partie des sommes qu'on l'accuse d'avoir détournées. Cet argent a contribué à l'arrosage des partis politiques français, gauche et droite confondues, et même de partis étrangers. Il a servi aussi à certaines opérations spéciales, plus ou moins parrainées ou organisées par les hommes de l'ombre, et plus ou moins avouables.

Les responsables sont ceux qui, au plus haut niveau de l'État, ont donné le feu vert à de telles opérations ; ceux qui savent, et qui se taisent lâchement, terrés sous leurs lambris, en laissant griller les fusibles.

Les coupables sont ceux qui en ont profité pour s'enrichir au passage, sans avoir joué d'autre rôle que d'être là, au moment opportun, pour laisser traîner leurs doigts dans le pot de confiture.

Responsables et coupables se confondent quelquefois.

La Justice, en tout cas, n'a pas eu l'air pressée de demander de comptes ni aux uns ni aux autres, se contentant souvent d'épingler çà et là, à l'aveuglette, ceux qui avaient la malchance d'être les plus voyants.

J'ai fini par comprendre tout cela. Je confesse que cela m'a pris du temps. C'est sans doute légitime pour une « Bécassine » comme moi (ainsi me surnommait naguère un journal satirique). Alors, j'ai changé d'attitude, en mettant à la disposition des magistrats les fonds que m'avait avancés Elf-Aquitaine pour ma participation à l'opération Bravo. Je pensais que c'était un préalable indispensable pour éviter toute équivoque ultérieure et pour que les choses bougent enfin, c'est-à-dire pour que les juges puissent aller, quelles qu'en soient les conséquences, jusqu'au bout de leurs investigations ; pour que chacun soit enfin édifié sur ce qui se passe vraiment dans les cuisines de la République, dont le graillon nauséabond est peut-être familier aux narines les plus expertes, mais dont certaines recettes gagneraient à être connues du plus grand nombre.

En ce qui concerne Dumas, j'ai donc expliqué aux juges tout ce que j'avais à dire, à savoir qu'il était à l'origine, sur mon intervention requise par Sirven, de la nomination de Loïk Le Floch-Prigent à la tête d'Elf-Aquitaine ; que je lui avais offert une paire de souliers et des statuettes, et qu'il avait accepté ces cadeaux en connaissance de cause. J'ai dit aussi que l'appartement de la rue de Lille, acquis par mon intermédiaire, lui était effectivement destiné en récompense de la nomination de Le Floch, même si les aléas de notre liaison n'ont jamais permis à Dumas de s'y installer.

Pour résumer le récit de ce que mes détracteurs ont appelé des « turpitudes », j'ai donc été gratifiée en 1991 et en 1992 de deux versements exceptionnels d'Elf, outre les salaires payés tant que j'étais en fonctions, c'est-à-dire de l'automne 1989 jusqu'à l'été 1993. Le premier virement : de 14 millions pour l'acquisition de la résidence ministérielle. L'autre : de 45 millions en rémunération de ma participation à l'opération Bravo, sur lesquels j'ai consacré 4 millions au complément nécessaire à l'achat de la rue de Lille (l'appartement coûtait finalement 18 millions), et cédé 13,5 millions, dans des conditions sur lesquelles j'aurai à revenir.

Il restait 27,5 millions. Sur ce montant, j'ai prélevé de quoi vivre et payer les frais d'entretien de la rue de Lille pendant cinq ans. Le reste, soit à peu près 24 millions, je l'ai confié à la Justice en attendant une décision définitive. C'est aussi simple que cela.

Sirven ayant disparu, je n'avais aucune intention précise en ce qui concerne l'appartement et l'argent qui restait, si ce n'est le projet d'en consacrer une partie à une fondation. Peut-être aurais-je en fait tout gardé. Peut-être en aurais-je fait bénéficier Dumas si nos liens s'étaient finalement resserrés.

Opération Bravo

Quoi qu'il en soit, si j'ai profité de cet appartement en l'habitant, je n'y vois aucun délit. Les 4 millions que j'ai versés pour l'acquérir et les frais que j'ai déboursés pour son entretien provenaient d'une rémunération que j'estimais, et que j'estime encore, m'être due.

Une fois ces choses enfin dites à la Justice, Dumas, sous la pression de la presse et de l'opinion, a fini, comme on sait, au printemps de 1999, par renoncer à son poste de président du Conseil constitutionnel, ce qui était, je crois, le plus honorable, aussi bien pour lui que pour son pays.

Poussé de toutes parts à la démission, il ne supporta sans doute pas que de jeunes protestataires commencent à distribuer des oranges sur le trottoir du Pavillon Montpensier. Ces oranges, ils préféraient les donner aux passants, parce que, disaient-ils, Dumas ne les méritait pas.

Alors il s'est mis en « congé » du Conseil constitutionnel à la présidence duquel François Mitterrand l'avait nommé quatre ans plus tôt, en mars 1995, quelques jours avant la fin de son septennat.

Bien que Mitterrand, à l'agonie mais encore méfiant, ait refusé à Dumas, malgré l'insistance de ce grand spécialiste des successions, la faveur d'être son exécuteur testamentaire, c'était tout de même une appréciable compensation. Un beau cadeau de retraite pour un fidèle courtisan.

Le président du Conseil constitutionnel, dont on croit souvent que les fonctions sont surtout honori-

Putain de République!

fiques, dispose d'armes plus redoutables qu'on ne pense.

Son vote, prépondérant en cas de partage, est susceptible d'emporter la décision de l'éminente juridiction dans les questions les plus délicates : celles ayant trait à la morale politique, entre autres. Il lui incombe d'arbitrer la validité des élections, de statuer sur la conformité des lois à la Constitution, et même de donner des avis sur les engagements internationaux.

Il a également la responsabilité d'examiner les comptes de campagne des candidats à l'élection présidentielle, et c'est assez délicat quand il s'agit de se prononcer sur ceux du candidat élu, avec le pouvoir de le sanctionner, s'il a engagé des dépenses excessives. Il semble que Dumas se soit acquitté de cette tâche de contrôle avec un zèle assez particulier, puisque lors d'une perquisition, effectuée à son domicile, des documents concernant les comptes de candidats à l'élection présidentielle de 1995 auraient été retrouvés dans son coffre personnel.

Roland Dumas, obligé de décrocher de son Fort Alamo, interpréta son « congé » comme une interruption tout à fait temporaire de ses activités, un peu comme s'il était souffrant. La différence, c'est qu'il s'est accordé le droit de décider lui-même de la date de sa « guérison ».

Aujourd'hui que l'affaire des frégates, après une longue et curieuse omerta, commence enfin à remonter à la surface, j'ai décidé de m'exprimer plus librement, indifférente aux pressions diverses et aux menaces qui m'assaillent. Car si la vérité doit un jour sortir du puits, autant que cela se fasse promptement et qu'on puisse aussitôt tourner cette page peu reluisante de notre Histoire. Alors, que la lumière soit !

2

Mitterrand et les marchands de canons

Libreville. 16 h 12.

Indifférente aux rares piétons qui sont autant de taches chamarrées, la Jeep s'est engagée rapidement sur l'axe rectiligne et spacieux de la Voie Triomphale.
De rares cocotiers alternent avec d'immenses réverbères, qui s'allumeront bientôt.
La Jeep dépasse les buildings futuristes du Deux-Décembre, où sont installés les bureaux du Premier ministre, tout à côté des immeubles du pétrole.
Dans la Jeep, trois Blancs en short, uniforme kaki et Ray Ban fumées. Le petit béret qui couvre leurs crânes rasés les protège à peine des derniers feux du soleil. Ils tiennent de la main droite des fusils d'assaut au canon court, calés contre leur hanche, le doigt sur la détente. Leurs visages sont impassibles.
Derrière, une Mercedes gris acier. À l'arrière, les deux occupants sont blancs, eux aussi. Mais le chauffeur en costume-cravate, africain.

Opération Bravo

Le plus âgé, à droite, est un petit homme grassouillet, aux cheveux argentés. Une rosette rouge s'exhibe outrageusement à la boutonnière de sa veste. Il consulte sa Rolex, en houspillant le chauffeur, qui semble pourtant faire de son mieux.

L'autre, la quarantaine à peine, porte des lunettes d'écaille. Il se cramponne à la portière en esquissant une grimace. D'effroi ? Non, plutôt d'étonnement. C'est sa première mission en Afrique. Il n'imaginait pas cette ville suffocante. Cela fait deux heures à peine qu'ils se sont posés.

Les pneus des voitures crissent sur l'asphalte en virant à droite sans ralentir pour s'engager dans la voie Georges-Pompidou, qui borde la mer.

Derrière l'aérogare, deux gardes africains, en voyant la Jeep qu'ils semblent connaître, ouvrent sans broncher les deux battants d'une grille de fer qui donne directement sur le taxiway.

Sans se préoccuper des jets qui manœuvrent lentement, le cortège roule sur la piste comme si c'était encore l'avenue de tout à l'heure.

Le chauffeur se précipite pour ouvrir le coffre. Les deux hommes le rejoignent.

Il y a trois grosses valises en toile et cuir brun. Et aussi une mallette, dont se contente l'homme le plus âgé. Il laisse le chauffeur noir et son adjoint s'occuper du reste.

Sous l'œil désabusé des militaires, ils doivent porter les lourds bagages un par un, et s'y prendre à deux mains en ahanant, accablés par la chaleur humide, pour gravir le court escalier qui mène jusqu'au biréacteur.

Mitterrand et les marchands de canons

L'avion blanc, marqué au flanc d'une estampille tricolore et de deux mots : « République française », commence à rouler. Les feux du bout de ses ailes lancent des éclairs violents et intermittents, comme s'il était urgent de s'affranchir du contact compromettant de la terre africaine.

Dans le cockpit, deux officiers de l'Air – chemises blanches à manches courtes – sont aux commandes.

Assis près du hublot, l'homme aux cheveux blancs s'est calé dans son siège de cuir. Après avoir tripoté fiévreusement les chiffres de la serrure, il parvient à ouvrir à demi l'attaché-case pour en vérifier le contenu. Des liasses de billets verdâtres sont disposées en ordre impeccable. Il referme le couvercle avec un soupir de satisfaction, et se retourne, goguenard, vers son jeune compagnon :

– Alors, mon cher, ça vous plaît, l'Afrique ?

– Je ne sais pas, monsieur le Ministre. Je n'ai pas eu vraiment le temps de...

L'autre l'interrompt :

– Vous avez raison. La prochaine fois, nous passerons au moins une nuit. L'ambassadeur m'a dit qu'il y avait de nouveaux endroits à visiter, surtout le soir. Ah l'Afrique ! conclut-il dans un soupir.

À l'arrivée, à Villacoublay, il n'y a pas de formalités, pas de police ni de douane.

Juste deux voitures qui attendent. L'une prendra les valises pour aller les porter en lieu sûr. L'autre le ministre et son conseiller.

Le ministre gardera sûrement la mallette, en souvenir de ce voyage éclair...

Opération Bravo

Une scène banale. Tout se passe à peu près comme cela, après un fructueux marché d'armement. Des avions privés, quelquefois officiels, font de discrètes allées et venues pour rapatrier au pays leur précieuse cargaison. L'Afrique, c'est le paradis du liquide, la tirelire de la Cinquième.

Ces opérations clandestines de transferts de fonds, à des fins privées ou politiques, sont intimement liées au fonctionnement de nos institutions.

Pour trouver ponctuellement de l'argent facile, en grande quantité, le plus simple, c'est les commissions. Et les plus grosses sont encaissées à l'occasion des contrats de ventes d'armes.

Il serait donc assez difficile de se faire une idée suffisamment précise de l'opération Bravo sans l'avoir préalablement replacée dans le contexte plus général du marché français de l'armement des vingt dernières années du second millénaire.

Malgré le parfum de scandale que dégage inévitablement cette affaire, il s'agit après tout, pour peu qu'on connaisse ces milieux, d'un dossier qui n'a en soi rien d'exceptionnel, mis à part l'importance financière de la commande (16 milliards pour les frégates, et 22 pour la seconde partie du contrat concernant les chasseurs et les missiles, dont je ne me suis pas occupée).

Rien que de la routine, en somme, car Dieu sait que pour vendre les armes, en France, on a du métier ! Apparemment, personne ne s'en plaint : a-t-on entendu parler récemment d'un débat public sur ce sujet ?

Non, ce qui a surpris l'opinion, ce n'était pas un marché militaire de plus, ni Taïwan, mais d'entre-

Mitterrand et les marchands de canons

voir, à la faveur de ma mise en cause, des mécanismes dont beaucoup auraient tout intérêt à ce qu'ils restent dans l'ombre.

Intermédiaires, commissions, rétrocessions, Secret Défense : autant de vilains mots dont les médias ne se servent qu'avec prudence. Et pour cause : les organismes d'information ne sont pas toujours complètement indépendants, ni de l'État, ni des groupes financiers impliqués dans les marchés de l'armement. L'autocensure est toujours de bon ton pour les questions sensibles. Beaucoup ont peur. Moi aussi, j'ai peur quelquefois.

Les ventes d'armes, outre qu'elles supposent le secret, puisqu'on touche à la diplomatie et aux affaires de défense, sont par ailleurs un sujet tabou. Vendre des machines de mort, cela n'a rien de bien glorieux, ni de bien moral. Et les choses ne datent pas d'hier.

Par rapport au nombre de ses habitants, la France est l'un des plus gros marchands de canons du monde.

Dans son programme de 1981, le candidat Mitterrand avait pourtant juré qu'il procéderait à une réduction massive des exportations d'armes et qu'il reconvertirait vers des activités civiles les entreprises françaises fabriquant du matériel militaire. Après tout, pourquoi pas ? Les pays, tels que le Japon, qui avaient été contraints, après la dernière guerre mondiale, de renoncer à leur industrie d'armement, ne semblent pas avoir fait faillite pour autant. On pouvait toujours rêver.

Mais après la conquête du pouvoir, ces promesses, comme bien d'autres qui avaient séduit bon nombre d'idéalistes dont je faisais partie à l'époque, se sont vite perdues dans les sables. Les sables du Proche-Orient.

Quatre mois à peine après que François Mitterrand eut déposé sa rose au Panthéon sur la tombe de Jaurès le pacifiste, Mauroy, soucieux sans doute de rassurer d'emblée le lobby militaro-industriel national, s'empressait même de déclarer : « La France n'a pas vocation à être marchand d'armes. Mais la France ne peut s'interdire d'exporter du matériel militaire [1]. »

De fait, non seulement les exportations ne se sont pas réduites comme Mitterrand l'avait annoncé, mais elles se sont renforcées. Les socialistes crurent pouvoir faire oublier cette attitude cynique par la nationalisation des entreprises spécialisées dans les « technologies sensibles », selon le jargon technocratique en vigueur. Mais ils reprirent à leur compte les vieilles pratiques inavouables de naguère. Jusqu'en 1981, on n'avait guère dépassé les 20 milliards annuels de ventes d'armes. À la faveur des guerres, et notamment de l'opportun conflit Iran-Irak, ce chiffre a vite doublé. On a perdu la tête. On s'est mis à fournir à tout va, n'importe comment, à n'importe qui. Trop souvent clandestinement.

Dès novembre 1981, par exemple, Régis Debray, sans passer par la procédure réglementaire, qui supposait la signature de Mauroy, chef du Gouvernement, après l'avis d'une commission réunissant

---

[1]. Discours à l'Institut des Hautes Études de la Défense Nationale le 14 septembre 1981.

les ministres intéressés, intervint personnellement, en sa qualité de conseiller « officieux » de l'Élysée, pour l'exportation secrète vers le Nicaragua de lance-roquettes Matra, avec 14 000 projectiles de 68 mm fabriqués par Thomson, 200 véhicules Renault, et 2 frégates, construites par les Chantiers de l'Esterel, dont la structure de bois les rendait indétectables. Ce coup de pouce de l'ancien compagnon du Che en faveur des sandinistes, de fait infiltrés par Moscou, ne fut sans doute pas du goût de tout le monde, puisque les navires, sitôt arrivés, furent coulés par l'aviation américaine, laquelle, visiblement, avait eu des informations assez précises qui ne pouvaient venir que de France, un attaché naval adjoint de l'ambassade des États-Unis à Paris ayant été « mystérieusement » informé.

Les roquettes furent payées pour une partie par la SOFRANTEM, organisme chargé de régler certaines commandes de l'État, et pour l'autre par une banque nationalisée, la Société Générale, qui avait accordé à l'ambassade du Nicaragua à Paris un généreux prêt à 2 % sur deux ans.

Si cet emprunt n'a jamais été remboursé par le Nicaragua, 28 millions de commissions semblent bien avoir été payés, en revanche.

En 1982, Mauroy, après avoir nationalisé Thomson, nomma à sa tête Alain Gomez, lequel pendant quatorze ans, indéboulonnable malgré les alternances, sans doute parce qu'il savait trop de choses, continuera une politique d'exportation d'armes apparemment motivée par une pure logique de profit, ce qui ne l'empêchera pas d'endetter Thomson de 14 milliards : un milliard par an, en somme.

La politique d'exportation d'armes définie par de Gaulle dans les années soixante, au moment où la priorité était donnée à l'indépendance nucléaire, était largement subordonnée à des impératifs politiques, diplomatiques et militaires précis. C'est du fait de cette impulsion que la technologie française de défense – en particulier l'électronique, qui représente en moyenne le tiers du coût des armes – devint une des meilleures du monde. Mais la machine s'est emballée, et l'on s'est trouvé confronté au problème de la surproduction. La seule issue pour échapper à cette situation fut d'exporter au maximum. Cela conduisit à un opportunisme brouillon.

Dans ces circonstances, la ligne jaune a plus d'une fois été franchie.

L'engagement dans une politique de ventes massives à l'Irak lors du conflit avec l'Iran en est une illustration éclatante.

Dès la fin des années soixante-dix, la France, tout en jouant la carte de l'Iran et de Khomeiny pour développer l'Islam au sud de l'URSS, et ainsi affaiblir l'Empire communiste, commençait à tisser des liens – au cas où – avec le voisin irakien dominé par le parti Baas, peu favorable aux chiites, nouveaux maîtres de l'Iran.

Khomeiny, une fois au pouvoir, début 1979, se montra vite ingrat vis-à-vis de ses anciens protecteurs occidentaux, dont la France.

C'est sans doute la raison pour laquelle, au cours de l'été, on commença à voir, sur les bases aériennes françaises, et en particulier à Reims, des pilotes irakiens venir se familiariser avec nos Mirage F1. À quoi se préparaient-ils donc ? Les événements donnèrent bientôt une réponse claire à cette question. En septembre 1980, l'Irak attaquait l'Iran avec du matériel largement français. Les pilotes de Saddam Hussein avaient décidément bien pris en main les Mirage qui, associés aux missiles 530 air-air de Matra, firent merveille.

En mai 1981, tandis que Dumas s'impatientait d'être resté simple avocat, il est vrai par ailleurs député de la Dordogne, Mitterrand, fraîchement élu, et son ministre des Affaires étrangères, Claude Cheysson, choisirent de s'inscrire dans la continuité de la politique engagée par leurs prédécesseurs et de renforcer les approvisionnements militaires à destination de Bagdad, à la plus grande satisfaction du lobby des marchands de canons hexagonaux.

Le marché était prometteur puisque l'Irak consacrait à cette époque le quart de son PNB aux dépenses militaires.

Dès lors, certaines entreprises françaises en vinrent à travailler à 50, voire à 100 % pour Saddam, lequel n'était pas encore l'ennemi international numéro un que la propagande des mêmes marchands de canons en fera plus tard.

Au cours de l'été 1983, l'évolution du conflit Irak-Iran plongea toutefois Mitterrand dans une certaine perplexité, car Téhéran, malgré la qualité du matériel utilisé par son ennemi, eut le mauvais goût de prendre nettement le dessus.

Opération Bravo

Le 12 août 1983, profitant de l'occasion pour aller régler le compte de Cheysson, qui était particulièrement favorable à l'Irak, le fidèle ami de Dumas et de Mitterrand, Jean-Pierre François, se précipita à Latché où le Président prenait ses vacances.

Mitterrand eut tôt fait de se ranger aux arguments avancés : quitte à vendre des canons, le marché iranien valait bien celui d'en face. Il se déclara donc prêt à abandonner l'Irak pour voler au secours du vainqueur. Et tant pis si un contrat venait juste d'être signé un mois plus tôt entre Dassault et Bagdad pour la livraison de cinq Super Étendard ! Tant qu'à faire, autant expédier à Saddam les avions promis, même à crédit.

La dette militaire irakienne commençait à sérieusement s'alourdir, mais la République tenait lieu de caution, à travers la COFACE, qui relève de la direction du Trésor au ministère des Finances et du Budget, et constitue le système d'assurance tous risques du commerce extérieur. Alors pourquoi se gêner ? On honorerait le contrat avec Bagdad. Quitte à soutenir Khomeiny plus tard, voire en même temps, ce qui est le fin du fin !

Mais subsistait entre la France et l'Iran un petit détail à régler : l'affaire Eurodif. Les islamistes, rendus furieux par le soutien français à leurs adversaires, réclamaient le remboursement séance tenante d'un prêt accordé en 1974 par le Shah d'Iran au Commissariat français à l'énergie atomique, à l'époque où la France caressait de beaux projets, comme la construction du métro de Téhéran ; projets hélas évanouis au moment de la révolution.

Avec les intérêts, les barbus présentaient à la France une facture de 2 milliards de dollars, que Paris refusait de payer.

Difficile, dans ce contexte, de lâcher brutalement Bagdad pour l'Iran, c'est-à-dire la proie pour l'ombre, car « soutenir » un pays en guerre signifie bien entendu lui vendre le plus d'armes possible. Et tant que le contentieux n'était pas résolu, Téhéran n'aurait évidemment rien déboursé, s'estimant au contraire créancier.

Qu'à cela ne tienne : Jean-Pierre François se fit fort de tout arranger avec l'ami Roland.

Après les vacances, Mitterrand chargea donc Dumas, Bérégovoy et François de Grossouvre, conseiller pour les « œuvres vives » (ainsi appelle-t-on la partie immergée des navires), de régler le problème. On désigna naturellement Jean-Pierre François en qualité d'intermédiaire pour tenter de négocier discrètement à Genève avec les mollahs.

Les pourparlers secrets durèrent deux ans, avec des moments forts, dignes de figurer dans une anthologie, ainsi lorsque Jean-Pierre François expliqua froidement aux Iraniens qu'ils ne pouvaient réclamer des intérêts à la France sans enfreindre le Coran, ce qui lui valut de se faire traiter de « gangster ».

Fin 1985, on se rapprocha enfin d'une transaction, moyennant une indemnité d'environ 900 millions à verser à l'Iran, mais il y eut des fuites dans la presse qui furent mal interprétées à cause des otages français que des chiites proches de Téhéran détenaient au Liban, et dont l'un, Michel Seurat, chercheur au CNRS, fut du reste exécuté sur-le-champ. De ce fait, les discussions tournèrent court.

Or, très curieusement, c'est exactement au cours de cette période 1983-1985, où Jean-Pierre François négociait avec les Iraniens, que la société française Luchaire, spécialisée dans la fabrication de munitions, a exporté clandestinement pour 700 millions d'obus à destination de l'Iran. Elle ne fut sans doute pas la seule, mais rien n'a filtré pour le reste.

Lorsque ces faits étranges furent révélés, en novembre 1987, sans doute pas par hasard puisqu'on était au début de la campagne présidentielle, il y eut peu de gens pour penser que les gouvernements Mauroy puis Fabius, et donc le ministère des Affaires étrangères, n'étaient pas informés de la transaction.

Dumas, qui siégeait à la commission des Affaires étrangères de l'Assemblée nationale, où il avait d'ailleurs été élu avec des voix du Front national, prit très mal les choses, et en représailles, monta une opération de presse visant Édouard Balladur, ministre des Finances du gouvernement Chirac, à propos de la gestion de la Société du tunnel sous le Mont-Blanc.

Cependant on continuait à approvisionner officiellement Bagdad, notamment en missiles 530 et Magic, et aussi en Armat, version « irakienne » du missile antiradar Martel, que l'armée française avait testé avec succès début 1987 lors d'une attaque aérienne de positions libyennes à Ouadi-Doum, et dont il avait été décidé que, vu son efficacité, l'exportation en serait interdite. Mais pour l'Irak, on pouvait bien faire une petite exception.

Ces ventes continuèrent à se faire à crédit, avec la garantie de la COFACE, donc des finances de la République. La France est si bonne fille !

Mitterrand fut réélu en mai 1988. Le 8 août, le conflit Iran-Irak se solda par un cessez-le-feu, et 300 000 morts, civils et militaires, dans chaque camp.

Cessez-le-feu : quel mot terrible pour les marchands de canons ! Pas à cause des morts, bien entendu ; à cause de la fin de l'exploitation d'un filon si rentable.

C'est alors qu'on commença à s'intéresser sérieusement à la petite île de Taïwan, où, selon les mieux renseignés, il y avait encore beaucoup plus d'argent à faire.

Dumas, ayant retrouvé son poste de ministre des Affaires étrangères, mit un terme au contentieux Eurodif, moyennant une compensation de près de 3 milliards versés par la France à l'Iran, c'est-à-dire trois fois les conditions obtenues par son ami Jean-Pierre François en 1985.

Quatre mois plus tard, l'affaire Luchaire s'acheva par un quadruple non-lieu pour les inculpés. « Dégonflage politique », dirent certains magistrats. Et la France lâcha, comme on sait, son client irakien. Il est vrai que Bagdad était dans le rouge, avec une dette militaire qui avait atteint 5 milliards de dollars. Mais le lobby militaro-industriel n'en avait cure, puisque la COFACE était là pour éponger.

Opération Bravo

Le 16 janvier 1991, Mitterrand annonçait à la télévision, mise en scène de circonstance à l'appui et trémolos dans la voix, que « les armes [allaient] parler ».

Si effectivement les armes avaient une langue, on en apprendrait de belles.

Treize jours plus tard, Jean-Pierre Chevènement, ministre de la Défense, mais aussi ancien animateur d'une association d'amitié France-Irak, présentait sa démission sous le prétexte que la vie de soldats français allait être inutilement exposée. Exposée à quoi ? À la technologie homicide dont le club des marchands de canons nationaux – son ami Gomez en tête – avait équipé les Irakiens pendant des années, bien sûr ! Les pilotes qui s'étaient entraînés chez nous dès 1979 allaient en découdre au-dessus des puits de pétrole avec les camarades français qui les avaient formés. Là-haut, ils s'échangeraient les mêmes missiles. Singulières retrouvailles.

Non, l'arrivée des socialistes n'a rien changé au système. En France, près de 300 000 personnes travaillent directement ou indirectement à fabriquer des armes. Près de 2 % de la population active, c'est loin d'être négligeable, au moment d'une élection. Reconvertir tout ce petit monde vers des activités civiles, c'est sans doute très commode sur le papier, mais un peu plus difficile concrètement.

Pour l'économie nationale, le marché de l'armement représente tout de même un chiffre d'affaires de l'ordre de 100 milliards. Et puis, faut-il ajouter que le système des commissions sur les exportations militaires est trop pratique pour y renoncer d'un trait de plume.

Pourquoi fabriquer des armes ? Pour se défendre, évidemment. Mais pour obtenir des armes efficaces, il faut que ce soit au moindre coût. On en produit donc le plus possible.

Et quand ces matériels sortent de nos usines, il faut bien en faire quelque chose. Or, nous sommes en période de paix, en dépit de quelques discrètes escarmouches sporadiques. Les commandes de l'armée française sont bien évidemment insuffisantes pour garantir le plan de charge des entreprises productrices, d'autant que le ministère de la Défense débourse chaque année 4 milliards pour acheter à l'étranger – essentiellement aux États-Unis – ce qu'on n'a pas les moyens de fabriquer en France (avions de détection Boeing E3A-Awacs, avions de transport Hercules C 130, par exemple).

Comme dans toute entreprise de commerce, les sociétés fabriquant du matériel de guerre se servent de gens qui prospectent, de représentants, et lorsqu'un contrat s'annonce possible, de discrets intermédiaires pour en faciliter la conclusion.

On entre alors dans la zone grise. Les intermédiaires sont rémunérés par des commissions, plus ou moins importantes, plus ou moins occultes, versées hors des frontières sur des comptes clandestins. On définit d'avance un pourcentage, et si le marché est conclu, chacun y trouve son compte. Plus le marché est important, plus les intermédiaires gagnent de l'argent.

C'est ainsi ! Même s'il peu paraître choquant pour des salariés moyens de voir des gens recevoir d'un coup des sommes énormes.

Pour ma part, il m'est revenu une indemnité nette de 31,5 millions, soit 0,2 % du contrat pour lequel je suis intervenue. C'est bien sûr très important, mais c'est relativement infime en comparaison des milliards versés par Thomson à des gens dont il m'est aujourd'hui permis de penser qu'ils n'ont rien fait.

La pratique des commissions n'a d'ailleurs rien de particulier aux ventes d'armes, puisque toute entreprise qui veut vendre ses produits dans un marché fortement concurrentiel est obligée d'en passer par là. Ainsi Elf a-t-elle, tout au long de son histoire, versé des commissions à l'occasion de tous ses marchés, par exemple au moment du rachat de la raffinerie de Leuna, en ex-Allemagne de l'Est.

Ne pas admettre la réalité des commissions, c'est être de mauvaise foi ou aveugle.

Là où les choses deviennent discutables, c'est qu'à l'occasion du paiement des contrats, qu'il s'agisse d'armes ou d'autre chose, les décisionnaires politiques puissent se trouver soumis, sans aucun contrôle, à la tentation de profiter de leur position pour s'enrichir.

La France n'est pas la seule dans cette situation. On a vu en Europe des exemples analogues. Lorsqu'en 1991 le groupe allemand Thyssen a vendu, en pleine guerre du Golfe, 36 blindés Fuchs à l'Arabie Saoudite, alors que la législation d'outre-Rhin, sans doute plus morale que la nôtre, interdit toute exportation militaire à des pays engagés dans un conflit, il semblerait que 50 % du contrat, soit 220 millions de marks, aient été consacrés au versement de bakchichs, au bénéfice notamment de la CDU de Helmut Kohl, déjà largement impliquée dans l'affaire Leuna (à l'occasion de laquelle Elf avait bien été obligé de verser leur part aux Allemands !).

Par ailleurs, si l'arrosage est nécessaire, les concurrents, de leur côté, ne se gênent pas.

C'est ce qu'a démontré l'affaire SIVAM, au cours de laquelle, en janvier 1995, Thomson et l'américain Raytheon se sont battus comme des chiffonniers, chacun soutenu par ses propres services secrets, pour obtenir, moyennant 8 milliards, l'installation d'une zone de surveillance radar en Amazonie.

Les deux sociétés en compétition n'ont pas hésité à se jeter mutuellement à la tête l'accusation d'avoir versé des pots-de-vin aux Brésiliens, ce qui aurait même amené, dit-on, la France, en représailles de l'échec de Thomson, à organiser des fuites dans la presse pour révéler les activités de quelques espions de la CIA qui sévissaient à Paris. D'où le départ immédiat des intéressés, et un rafraîchissement momentané des relations franco-américaines.

Comme on le voit, nous sommes entrés dans une ère de guerre économique généralisée, où, malgré un simulacre d'ordre, presque tous les coups sont permis.

Opération Bravo

En principe, en France, la fabrication et l'exportation des armes de guerre sont étroitement contrôlées par l'État, et strictement réglementées.

Pour vendre à l'étranger du matériel de guerre, il faut obtenir successivement trois autorisations distinctes du Premier ministre. La première permet la prospection du marché. La deuxième d'entamer des négociations. La troisième est l'autorisation d'exportation de matériel de guerre proprement dite (AEMG). À chaque fois la décision du Premier ministre doit être précédée de l'avis de la Commission interministérielle pour l'étude des exportations de matériels de guerre (CIEEMG), présidée par le secrétaire général de la Défense nationale, et où siègent des représentants de l'Élysée, de Matignon et des principaux ministres. Les dossiers présentés par les industriels de l'armement sont instruits par la direction des relations internationales de la DGA (Délégation générale pour l'armement).

Telle est la théorie. Dans la pratique, il arrive que des exportations, même si l'exécutif est au courant, se passent purement et simplement de l'avis de la CIEEMG. Tel fut le cas lors de l'exportation des obus de Luchaire en Irak ou de la livraison d'armes aux sandinistes : deux exemples isolés parmi tant d'autres.

Si la vente se fait à crédit, les commissions versées doivent être déclarées par l'entreprise exportatrice à la COFACE pour obtenir une garantie. Dans ce cas, même les commissions sont assurées.

Or, ni la COFACE ni la CIEEMG ne semblent vraiment pointilleuses. À la fin des années

Mitterrand et les marchands de canons

soixante-dix, pour vendre à la Bolivie des tourelles destinées à équiper des blindés autrichiens Kürassier, la Société française de matériels d'armement (SOFMA) a sollicité la garantie de la COFACE, avis favorable de la CIEEMG à l'appui, dans un dossier où une commission devait être versée sur place à un intermédiaire du nom d'Altman et dont les services de renseignements savaient parfaitement qu'il s'agissait du nazi Klaus Barbie !

Il est tacitement convenu dans les cercles évidemment très fermés des marchands de canons que toute exportation d'armes de guerre donne généralement lieu au versement de commissions dont le taux est variable : 5 à 10 % en général, parfois 50 et même 100 % quand il le faut.

En ne retenant qu'un taux de 10 %, sachant que la France exporte aujourd'hui en moyenne 30 milliards d'armes de guerre par an, c'est donc au moins 3 milliards à chaque fois qui s'évaporent ainsi vers des destinations occultes. Depuis vingt ans, cela représente environ 60 milliards. Où sont-ils donc passés ?

C'est d'autant plus préoccupant que le silence sur ces opérations est garanti par des procédés imparables.

Lorsqu'on veut couvrir des commissions, on classe tout bonnement le dossier sous le label « Secret Défense », ce qui est généralement considéré comme une faveur destinée à mettre les destinataires des rétrocommissions à l'abri des curieux. Les dossiers sont alors archivés, sous bonne garde, comme on peut s'en douter.

La classification d'un dossier entraîne une protection légale et immédiate des renseignements qu'il peut contenir, même si ces renseignements sont scandaleux; et surtout s'ils le sont. Le fait, pour ceux qui les détiennent, de livrer des informations classifiées, ou, pour ceux qui ne sont pas habilités, d'en prendre connaissance ou d'en divulguer la teneur, expose les contrevenants à des peines de 5 à 7 ans de prison. Voilà pour la transparence.

Il ne faut toutefois pas être naïf. Outre la classification du dossier, des précautions élémentaires sont prises à l'intérieur même des documents pour que l'identité des destinataires des commissions n'apparaisse pas en clair. Ils sont en effet souvent abrités derrière des sociétés écrans et des noms d'hommes (ou de femmes) de paille.

Mais lorsqu'une exportation d'armes de guerre a lieu, de fait, tout au long de la chaîne, nombreux sont ceux qui peuvent avoir une idée de la destination réelle des commissions versées. Tout d'abord les vendeurs, à savoir le dirigeant de l'entreprise et ses proches collaborateurs, les fonctionnaires de la DGA, ceux qui représentent les ministres à la CIEEMG, le secrétaire général de la Défense nationale, les directeurs de cabinet concernés, les ministres eux-mêmes, le Premier ministre, les principaux responsables des services spéciaux, évidemment informés de ce genre de transactions, et, bien entendu, le président de la République et ses conseillers. N'oublions pas les destinataires des commissions, destinataires réels ou simples prête-noms de confiance chargés de renvoyer les sommes là où il est prévu qu'elles aboutissent. Les responsables de la COFACE et le ministre des Finances et du Budget, outre l'information, détiennent les bordereaux de versement des commissions qui sont déclarées tant aux douanes qu'au fisc (les commissions ayant été longtemps déductibles de l'impôt sur les sociétés). Il paraît même que certains ministres, lorsqu'ils quittent Bercy, emportent les documents les plus compromettants pour les enterrer au fond de leur jardin. On les comprend : cela peut toujours servir.

3

Une Chine peut en cacher une autre

Malgré tant de voyages, je ne suis jamais allée à Taïwan. J'ai pourtant visité la Chine continentale, et quelques îles. Je connais Pékin, Canton, Hong Kong, mais pas Taïwan.

J'aimerais bien y passer un jour, et les voir, mes frégates, un peu désuètes, oubliées, rouillées, tranquillement amarrées à un quai. J'espère qu'elles n'auront jamais servi. Y aura-t-il quelqu'un, là-bas, pour me reprocher de les avoir vendues ? Me traitera-t-on alors de putain, d'escroc ou d'héroïne ?

C'est à Taïwan, au sud-est du continent chinois, que Tchang Kaï-chek, en pleine déroute devant Mao Tsé-toung, avait réussi, en décembre 1949, grâce aux subsides américains, à se réfugier avec 600 000 de ses hommes, sans pour autant abandonner tout espoir de retour.

Taïwan était peut-être résignée à l'idée d'être à terme rattachée à la Chine populaire, mais si ce rattachement devait se faire, autant avoir une position de force pour pouvoir espérer garder un minimum d'autonomie. Cela supposait le soutien du plus grand nombre de pays possible et une reconnaissance des plus puissants.

À l'ONU, sous l'influence du lobby proaméricain, seul le gouvernement de Tchang Kaï-chek fut habilité à représenter la Chine jusqu'aux années soixante-dix.

Mais, à partir de 1979, l'Amérique de Jimmy Carter se rapprocha finalement de Pékin et Taïwan se vit lâchée du jour au lendemain, du moins officiellement, par ceux qui étaient jusque-là ses défenseurs les plus ardents. De ce fait, la Chine libre disparut quasiment de la scène diplomatique internationale, et son besoin de légitimation devint aigu.

En 1988, le rapprochement de Pékin et de l'Arabie Saoudite (allié traditionnel de Formose), à l'occasion de la livraison de missiles chinois Silk Worm, qui allait amener à l'établissement de relations diplomatiques en 1990, fut un coup dur supplémentaire pour Taipeh.

En attendant, les deux pays – République de Chine d'un côté, République populaire de Chine de l'autre – séparés par le détroit stratégique de Formose, large d'à peine cent soixante kilomètres, tissaient – intérêt réciproque oblige – des liens économiques de plus en plus étroits qui passaient essentiellement par Hong Kong. Mais ils restaient dans une situation d'affrontement permanent.

Au début de 1988, Paris, aligné sur les États-Unis, accordait à Pékin une aide financière de plus d'un milliard et, bien entendu, quelques discrètes livraisons d'armes. Matra, Thomson, Dassault et les autres disposaient déjà, chez les communistes, de représentants locaux qui essayaient d'y appliquer, avec plus ou moins de bonheur, une politique commerciale qui avait déjà fait ses preuves ailleurs.

L'intérêt de Taïwan pour les exportations françaises, et particulièrement les exportations d'armement, n'échappait cependant pas à la sagacité de quelques responsables politiques. Parmi eux : Dominique Strauss-Kahn qu'on voyait souvent à Hong Kong et plus généralement en Asie, et surtout Édith Cresson, ministre de François Mitterrand de 1981 à 1986, d'abord à l'Agriculture puis au Commerce extérieur.

Ayant quitté ses fonctions après la victoire de l'opposition aux élections législatives de 1986 et la nomination de Jacques Chirac à Matignon, elle avait créé le club « France Exporte Plus », alors qu'elle n'était plus que maire de Châtellerault, député de la Vienne, mais toujours fort bien introduite à l'Élysée. Cette structure associative, animée par un militant socialiste, ancien de l'EDF, Guy Marty, était censée développer le commerce entre la France et l'Asie.

Édith Cresson avait commencé très tôt a s'intéresser à Taïwan et à s'y faire apprécier. Lorsqu'elle était ministre du Commerce extérieur, elle était intervenue avec succès pour faire rétablir un service des visas entre les deux pays tout en s'attachant à tisser les premiers éléments d'un réseau.

En janvier 1988 elle reçut le rapport d'un de ses correspondants qui, s'étant rendu sur place, venait de rencontrer d'importantes personnalités locales : le ministre de la Défense nationale, Cheng Wei

Opération Bravo

Yuan, un des hommes forts du régime, ainsi que les vice-ministres des Affaires étrangères et économiques.

Dans ce document, il apparaissait que Taïwan, pour rompre la quarantaine qu'on lui imposait et faire pièce à Pékin, envisageait d'importants investissements à l'étranger et spécialement en France.

Le gouvernement Chirac, de son côté, n'avait pas pu rester complètement à l'écart. Il avait élaboré un projet de coopération technique, dépêché une délégation d'études. Mais il lui fallait aussi conserver une relative prudence, dans l'attente de l'élection présidentielle.

Comme les approvisionnements militaires américains, sous la pression de la Chine, avaient pratiquement cessé officiellement depuis 1983, Taïwan cherchait aussi à renforcer ses moyens de défense et multipliait les appels dans ce sens en direction de Paris, ce qui était d'une grande habileté.

En effet, du côté du marché militaire français, toujours précaire à cause de l'incertitude des exportations, les choses allaient plutôt mal, à la fin du conflit Iran-Irak.

En Bretagne, les 20 000 personnes relevant de la direction des Chantiers navals (Brest, Lorient, Cherbourg), pourtant numéro un mondial de la construction navale militaire, avaient de quoi s'inquiéter. La France n'avait pratiquement pas vendu un seul navire de guerre depuis près de dix ans. La Marine nationale réduisait de plus en plus sa flotte. Faute de commandes, et en particulier de commandes à l'exportation, les arsenaux rencontraient de graves problèmes de plan de charge.

On en vint à préparer des plans sociaux prévoyant la suppression de plusieurs milliers d'emplois, en particulier sur le chantier de Lorient déjà en pleine agonie, ce qui préoccupait évidemment les élus, dont le député PS Jean-Yves Le Drian qui tirait comme il pouvait les sonnettes d'alarme.

Décidément, si Taïwan avait besoin d'armes, cela tombait vraiment très bien.

L'île souhaitait s'équiper de bateaux polyvalents et discrets susceptibles de déceler la présence de sous-marins dans le détroit de Formose, et de résister éventuellement à une attaque surprise, navale ou aérienne. Par ailleurs, suite à l'embargo américain sur la livraison de F16, de nouveaux chasseurs auraient été les bienvenus. Tous ces matériels, la France était bien placée pour les fournir.

Ce n'était pas seulement pour sortir de son isolement diplomatique que Taïwan cherchait à moderniser son armement, c'était aussi pour être en mesure de répondre à des menaces bien réelles de la part de la Chine communiste engagée depuis le milieu des années quatre-vingt dans un programme de modernisation de son armée.

Taipeh s'était adressée à la France en 1982. Paris avait été discrètement sollicité pour la livraison d'un sous-marin, mais le gouvernement Mauroy avait refusé, sous le prétexte qu'il s'agissait là d'une arme offensive dont la livraison au rival de Pékin poserait trop de problèmes.

Taïwan s'était alors tournée vers la Hollande qui avait honoré la commande. La réaction de Pékin était restée limitée : l'ambassadeur chinois à La Haye avait été rappelé pendant quinze jours.

C'est ce précédent qui donna l'idée aux marchands de canons français de profiter de l'aubaine. Décidément, livrer des armes à Taïwan n'entraînerait pas de risque diplomatique majeur. Certes, la France était engagée aux côtés de Pékin. Mais était-ce une raison pour refuser l'offre d'un des clients les plus solvables qui se soient jamais présentés ?

Après l'élection présidentielle de 1988, l'information concernant le marché taïwanais se répandit dans les milieux français de l'armement et le microcosme politique comme une traînée de poudre. Le jackpot ! Chacun y vit naturellement ses intérêts. On commença à tirer des plans sur la comète et à se lancer dans des calculs. Les représentants des industriels français à Pékin essayèrent de sonder quelques Chinois de confiance qui pouvaient les renseigner sans pour autant éveiller les soupçons des autorités officielles.

On décida de scinder les livraisons en deux parties. D'abord les frégates, puis les avions et les missiles.

Alain Gomez fit sa tournée. Il convainquit facilement son ami Jean-Pierre Chevènement, alors ministre de la Défense, puis se précipita à Matignon où Michel Rocard, sans doute déjà prévenu par Édith Cresson et le député de Lorient, ne tarda pas à donner son accord officieux. Il ne restait plus que l'avis de l'Élysée, mais, à n'en pas douter, Cresson persuaderait aisément Mitterrand.

En réalité, ce dernier avait déjà eu l'occasion de s'entretenir du dossier avec l'ami Roland, qu'il voyait tous les jours. Ce n'est pas pour rien qu'ils habitaient la même rue.

Mitterrand était conscient de l'intérêt économique du marché. Il ne pouvait ignorer que des commissions substantielles seraient liées au contrat, comme c'est le cas d'ordinaire. Mais le président restait prudent. Il craignait que ce projet ne vienne perturber les relations avec Pékin et faire capoter d'autres affaires en cours de négociation. À terme, la Chine continentale offrait des possibilités bien plus grandes que la petite île. De plus, les relations entre l'URSS et la Chine, naguère houleuses, tendaient à s'améliorer. Désormais, un geste hostile contre Pékin pouvait être mal interprété à Moscou. Bref, il ne fallait pas risquer de se mettre tout le monde à dos. Enfin, des mouvements favorables à la démocratisation commençaient à voir le jour en Chine. Si l'émergence de ces groupuscules réussissait à infléchir la position des communistes, il conviendrait de ne pas être à la traîne si l'on espérait recueillir les fruits d'une nouvelle ouverture au capitalisme. Il ne faudrait surtout pas être pas entravé par Taïwan.

En fait, Mitterrand voulait le beurre et l'argent du beurre. Il décida de laisser pour l'instant toute la responsabilité des frégates à son Premier ministre, que Dumas et lui-même haïssaient. Thomson n'avait qu'à poursuivre les négociations. En cas de brusque réaction des Chinois, Matignon se débrouillerait avec eux. Ce serait assez distrayant de voir Rocard se prendre les pieds dans le tapis. Dumas et Mitterrand réglaient leurs problèmes en direct sans s'occuper de lui. C'était plutôt leur tête de Turc. Ils se moquaient volontiers du locataire de Matignon, n'hésitant pas à l'affubler de sobriquets ridicules.

Michel Rocard, quant à lui, avait l'habitude des camouflets que Dumas, avec la complicité de l'Élysée, lui infligeait. Par exemple, lorsqu'il apprenait au Conseil, presque en même temps que la presse, le nom des ambassadeurs proposés par le Quai et désignés par le président de la République, sans que Matignon ait été consulté ni même seulement informé. Il ne manquera d'ailleurs pas de se venger de ces avanies. En 1992 d'abord, au moment où l'opinion apprit que Georges Habache, le chef du FPLP, se faisait tranquillement soigner à Paris avec la bénédiction de Dumas, l'ancien chef du gouvernement réclama sur les antennes de TF1 la démission du ministre d'État. Dumas, piqué au vif, répliqua, en faisant allusion au goût affirmé de Rocard pour la navigation de plaisance : « Il y a ceux qui sont faits pour être des barreurs de gros temps et les autres qui ne peuvent être que des barreurs de petit temps. » En février 1998, Rocard renvoya la balle au président du Conseil constitutionnel. En pleine tête ! Lorsque Dumas se retrouva dans le collimateur de la Justice, Rocard, à l'occasion d'une interview au *Journal du Dimanche*, reconnut ouvertement l'existence des commissions et des rétrocommissions. Il précisa qu'au moment de la négociation Bravo, l'atmosphère était « pesante ». À la stupéfaction générale, il ajouta même froidement, en visant implicitement les relations de Dumas et de Mitterrand : « Par une sorte d'esthétisme, le président aimait à s'entourer de gens un peu à la limite » !

Au printemps de 1988, il fut en tout cas convenu avec l'Élysée que Dumas, « à la limite » ou pas, ne prendrait aucun risque dans le contrat Bravo. Pas question pour lui de jouer les fusibles. Ce rôle-là, il le laisserait à d'autres. Sa position devait être de nature à ne surtout pas poser le moindre problème avec Pékin. Officiellement donc, il adopterait une attitude de désapprobation totale en invoquant au besoin un accord que de Gaulle aurait passé secrètement avec Pékin en 1964 et qui engageait moralement la France. Cette position devait être maintenue coûte que coûte en dépit de l'attitude de Matignon, ce qui laisserait les portes de Pékin grandes ouvertes. Il serait toujours temps de changer de stratégie, officieusement bien sûr.

Dumas, s'en tenant à cette ligne et soucieux de se dédouaner, fit aussitôt rédiger par Claude Martin, directeur de l'Asie au Quai, une note défavorable au contrat. Ainsi le ministre s'abritait-il derrière ses services pour justifier sa position hostile. Mitterrand, pour sa part, jouerait les attentistes désinvoltes jusqu'à ce qu'il ait à se prononcer officiellement. Il n'y avait qu'à laisser mûrir les choses et on verrait bien.

Opération Bravo

La direction des Chantiers navals proposa d'adapter ses nouvelles frégates, de la classe « La Fayette », qui n'avaient pas encore été livrées à la Royale. Alain Gomez, président de Thomson, les équiperait d'électronique mortifère dernier cri. On sollicita aussi le constructeur italien Otto-Melara pour fabriquer les canons et les tourelles.

Le problème était de savoir qui allait représenter les intérêts français. L'affaire fut vite tranchée. Alain Gomez s'imposa d'un coup de poing sur la table en déclarant qu'il était tout désigné pour prendre la direction des opérations puisqu'il interviendrait aussi bien sur les frégates que sur les avions et les missiles. D'ailleurs, il avait des agents déjà en place sur le terrain et sans lui rien ne pouvait se faire. Les autres s'inclinèrent.

La direction des Affaires internationales de Thomson, dirigée par un ex-officier de marine, Jean-François Briand, fut désignée pour mener les négociations. Elles s'engagèrent ferme, dans le plus grand secret, avec les représentants officieux de Taïwan à Paris. Les pourparlers durèrent un peu plus d'un an.

Les premiers résultats s'annoncèrent mirifiques. D'abord, les Taïwanais étaient décidés à acheter au moins six frégates, peut-être davantage. Ensuite, ils fixèrent leur choix sur des Mirage 2000-5 : une soixantaine. Matra se déclara prêt à les équiper de ses nouveaux missiles MICA. Au bas mot, il y en avait pour 30 ou 40 milliards. Les nationalistes avaient indiqué qu'ils ne discuteraient pas le prix.

Un dossier fut promptement ouvert à la Direction générale de l'armement pour obtenir au plus vite de la CIEEMG une autorisation d'exporter. Ce ne serait qu'une formalité : Matignon avait déjà donné son accord.

La Chine avait d'autres préoccupations plus urgentes que l'affaire de Taïwan. Les partisans de la démocratie commençaient à donner du fil à retordre aux autorités. Le 21 avril 1989, quelques étudiants descendirent dans la rue. Ils envahirent la place de la Paix céleste, en mandarin « Tiananmen ». Dans la nuit du 4 juin, les chars du 27e corps d'armée investirent la place et, sans sommations, tirèrent dans le tas. Les manifestants désarmés tentèrent de se défendre à mains nues. Des milliers de gens succombèrent sous les rafales de Kalachnikov, les grenades et les chenilles des chars. Dans les jours qui suivirent, la répression continua : terreur, délation, arrestations, procès expéditifs, exécutions sommaires.

Tout cela ne tombait évidemment pas trop mal pour ceux qui continuaient à œuvrer dans l'ombre pour le contrat Bravo, et qui se mirent à s'activer de plus belle. Mitterrand et Dumas les regardaient faire de loin, non sans un certain amusement. Alain Gomez pensait que, vu les événements, le contrat pourrait être signé dans les mois à venir, au pire les tout premiers jours de 1990.

Le 6 juin 1989, Michel Rocard annonça le gel des relations diplomatiques avec Pékin.

Cela n'empêcha pourtant pas les Chinois de continuer pendant tout l'été une épuration systématique et une impitoyable répression.

Opération Bravo

Mais si la suspension des relations diplomatiques et des livraisons d'armes est toujours annoncée de manière spectaculaire, le rétablissement de ces relations ne donne généralement lieu qu'à un entrefilet discret dans les journaux. Quant à la reprise des livraisons, on la passe toujours sous silence.

Je fus particulièrement étonnée lorsque j'appris de Dumas, que je voyais tous les jours, le rétablissement normal des relations entre Paris et Pékin.

Pendant ce temps, les choses avançaient rapidement pour Thomson et les industriels français, soutenus par Jean-Pierre Chevènement, Édith Cresson et Michel Rocard. Le dossier Bravo fut inscrit à l'ordre du jour du 23 novembre 1989 pour obtenir de la CIEEMG l'autorisation d'exporter.

Mitterrand et Dumas avaient eu l'occasion d'en reparler peu avant pour accorder leurs violons, car le chef d'état-major de l'Élysée devait faire connaître, lors de la réunion, la position du président. Mitterrand décida de se montrer favorable pour ne pas faire échouer le projet. Quant à Dumas, il maintiendrait ses réticences tout en se rangeant à l'avis de l'Élysée. Il n'y aurait plus qu'à attendre la réaction de Pékin. Si elle était violente, Mitterrand, *via* Dumas, se rétracterait, après avoir obtenu, si possible, des compensations intéressantes.

De fait, à la réunion du 23 novembre 1989, tout le monde se déclara favorable, sauf, naturellement, le représentant du Quai, qui opposa d'abord un veto, puis, une fois communiquée à la Commission la position de l'Élysée, décida de s'abstenir. Il prit toutefois soin de demander qu'on annexe ses réticences au procès-verbal de la Commission en précisant : « Cette précaution me paraît utile pour l'avenir. »

C'était parfaitement machiavélique. Lorsque les Chinois protesteraient, Dumas pourrait faire valoir qu'il s'était opposé au contrat Bravo ou que du moins, même poussé par l'Élysée dans ses derniers retranchements, il avait obéi sans pour autant donner son assentiment formel. L'attitude de l'Élysée serait présentée comme une simple décision de principe : le président était bien obligé de soutenir son Premier ministre, lequel, ulcéré sans doute par les événements de la place Tiananmen, avait décidé, sans vraiment réfléchir, de marquer le coup. Ainsi, Pékin se trouverait en position de culpabilité et de demande. Dès lors, Dumas, sous prétexte de jouer les bons offices avec le Président, pourrait négocier, par-dessus la tête de Rocard, un « petit geste » susceptible de montrer la bonne volonté de Pékin. Contre ce « petit geste », Mitterrand, « la mort dans l'âme », renoncerait au contrat. Et les Chinois, en plus, devraient dire merci.

Le scénario était bien préparé. Tout se déroula comme prévu. Le 2 janvier 1990, Dumas ne fut évidemment pas surpris d'apprendre que Zhu Jue, l'ambassadeur chinois à Paris, demandait à être reçu en urgence. Bien sûr, il transmettait une protestation de son gouvernement qui déclarait n'être pas disposé à avaler ce « fruit amer » et demandait l'annulation immédiate du projet Bravo.

Dumas se montra bienveillant, compréhensif, disposé à arranger les choses avec l'Élysée, si les

Chinois, de leur côté, apportaient une preuve tangible de leurs bonnes intentions vis-à-vis de la France.

Pour rendre plus crédible, sans doute, son embarras, Dumas rappela de toute urgence son ambassadeur à Pékin, Charles Malo, lequel lui déclara qu'on ne pouvait pas d'un côté donner des leçons de Droits de l'homme aux Chinois, et de l'autre vendre des frégates à l'île dissidente. Puis, pour faire part des protestations chinoises, Dumas adressa un courrier à Mitterrand et surtout au pauvre Rocard qu'on avait laissé complètement de côté. Le 5 janvier, le ministre fit le point avec Mitterrand. L'ambassadeur Zhu Jue fut de nouveau reçu au Quai le 7 janvier, et c'est lors de cette entrevue que Dumas lui annonça triomphalement la décision de l'Élysée obtenue grâce à son intervention : On renonçait au contrat. Dans la foulée, Rocard fut sommé par Mitterrand de désavouer immédiatement la CIEEMG.

La nouvelle de l'échec du contrat Bravo souleva une colère inouïe dans le milieu des marchands de canons français. Alain Gomez s'étranglait de rage au téléphone. Il appela Chevènement. Mais il n'y avait rien à faire. Le veto venait de l'Élysée. Gomez parla ouvertement de son intention de passer outre la décision de la CIEEMG, en expédiant des coques en pièces détachées à Taïwan pour qu'elles soient assemblées sur place. Il envisageait même d'en vendre seize au lieu de six.

La colère fit bientôt place au découragement, puis à la réflexion.

Une Chine peut en cacher une autre

Peut-être la France, moyennant des compensations, pourrait-elle minimiser, aux yeux de Pékin, les ventes d'armes promises ? C'était sans doute la meilleure idée. Difficilement jouable, mais prometteuse. Ainsi ferait-on coup double. D'un côté en vendant à Taïwan. Et après en approvisionnant Pékin pour se faire pardonner. En somme, le coup de l'Iran et de l'Irak. Mais il fallait faire vite, car les Taïwanais, ayant appris que l'affaire se présentait plutôt mal désormais, commençaient à mettre la pression sur les Français en prenant des contacts avec la concurrence. Les Américains, pour se venger d'une récente affaire d'espionnage économique montée par la DGSE, s'étaient empressés de faire des offres discrètes, malgré leurs engagements diplomatiques vis-à-vis de Pékin. Même l'Espagne et le Portugal s'étaient mis de la partie. Qui pourrait se charger de calmer les officiels chinois ? Et de convaincre l'Élysée ? À ce niveau, l'aide du ministre des Affaires étrangères s'avérait indispensable. Lui seul était en position de jouer sur ces deux tableaux. Mais il semblait difficile d'aller le voir directement pour le faire changer d'avis, tant ses résolutions paraissaient fermes. Pour approcher Dumas, il fallait donc absolument quelqu'un.

C'est dans ce climat agité qu'un cadre commercial de la direction des affaires internationales de Thomson, Georges Barrabès, alla frapper, au mois de février 1990, à la porte du bureau de son patron, Jean-François Briand, pour lui soumettre une idée : Elf pourrait peut-être tirer Thomson de ce mauvais pas.

Briand le coupa net en objectant qu'il ne voyait pas le rapport avec Taïwan. Elf s'occupait de pétrole, et de ce point de vue, ses intérêts étaient plus du côté de la Chine continentale. Ils avaient un réseau là-bas, et n'allaient sûrement pas faire capoter leurs affaires pour rendre service.

Alors Barrabès parla de Sirven, l'éminence grise, qui faisait la pluie et le beau temps chez Elf et qui distribuait des valises aux uns et aux autres. Il se trouvait qu'il était un cousin éloigné de sa femme. Donc il pourrait facilement entrer en contact avec lui.

Briand haussa les épaules en jetant sèchement qu'il ne comprenait pas ce que cela pourrait changer.

Barrabès rétorqua calmement que Sirven utilisait pour Elf un agent infiltré au Quai d'Orsay. Cet agent lui rendait, semblait-il, les plus grands services. En plus, c'était une femme. Et elle était au mieux avec Dumas. Barrabès avait ses renseignements. On pouvait essayer de passer par elle.

Briand comprit au quart de tour.

Si Barrabès était sûr de lui, qu'attendait-il pour foncer, trouver un moyen de contacter Sirven, et lui ramener cette mystérieuse intermédiaire ?

Barrabès n'eut pas besoin de se faire répéter l'ordre deux fois. Revenu dans son bureau, il demanda à sa secrétaire d'appeler immédiatement la tour Elf.

Mais il se garda bien de dire à Sirven la vraie raison de son appel. Le mettre dans l'affaire, c'était à coup sûr s'exposer à des complications.

Alors il dit à Alfred qu'il faudrait qu'ils se rencontrent bientôt, que chez Thomson il voyait des

Une Chine peut en cacher une autre

choses. Certaines de ces choses pouvaient être intéressantes. Il proposa de servir de contact régulier. Une sorte de collaboration.

Alfred toussota pour montrer qu'il avait compris et qu'ils pourraient sûrement s'arranger.

L'arrangement se fit au cours d'un déjeuner. Alfred proposa à Barrabès de se rendre prochainement à Genève. Il lui ménagerait un « petit contrat » avec Elf-Aquitaine International. En échange, Barrabès lui donnerait quelques tuyaux, de temps en temps, sur ce qui se passerait d'intéressant chez Thomson.

Il est aisé de comprendre que l'agent d'Alfred dont Barrabès avait eu l'idée de se servir, c'était Christine Deviers-Joncour. C'est tout simplement de cette manière, qu'au début de 1990, je suis entrée, bien involontairement, dans l'opération Bravo.

4

La mission

C'était au printemps de 1990. Alfred Sirven m'avait demandé de me rendre de bonne heure au Bourget où l'avion patientait, réacteurs en route. J'étais fière comme une écolière à laquelle on va remettre une récompense : à cause d'une carte de crédit que Sirven devait me remettre. Il faut dire que jusqu'alors j'avais souvent payé de mes deniers.

On a beaucoup ironisé sur mes dépenses lorsque la Justice épluchait mes comptes, et que de ce fait ils traînaient un peu partout. C'est sans doute de bonne guerre. Oui, il y a eu des additions de restaurants huppés, d'hôtels chic. Chez ces gens-là, on ne déjeune pas au McDonald's, on ne s'habille pas au Monoprix et on ne dort pas au Campanile. Oui, il y a eu des billets d'avion en première classe. Oui, j'ai acheté des vêtements élégants. Et alors ?

Quand Philippe Jaffré a fait des déclarations fracassantes parce que je disais simplement qu'Elf-Aquitaine, pendant près de trente-cinq ans, avait arrosé des hommes politiques, ce que tout le monde sait, ses conseillers n'ont rien trouvé de mieux à dire que j'avais détourné de l'argent des caisses d'Elf pour m'acheter « des robes et des bijoux » ! Mais quand il est sorti à pas de loup de la tour Elf avec deux cents millions dans les poches, il a changé de ton. Encore Jaffré avait-il l'excuse d'essayer de me faire taire. D'autres n'ont pas hésité, pendant que j'étais en prison, à ergoter sur la comptabilité de mes dépenses. Sans doute est-il intéressant d'apprendre que tel jour je suis passé chez Nina Ricci, tel autre chez Thierry Mugler. C'est sûrement plus facile et moins dangereux que de s'en prendre aux puissants et d'enquêter sur les 3 milliards du contrat Bravo et les 2,5 milliards du contrat Tango tombés dans la sébile de notre classe politique.

Non, je n'ai aucun goût particulier pour le luxe, et, n'en déplaise à Philippe Jaffré, je n'aime pas les bijoux. Il fallait juste que je ressemble à une femme d'affaires. Que je vive comme une femme d'affaires. Pourquoi ? Mais parce que j'en étais une ! C'était mon travail. C'était le monde d'Elf, le monde d'Alfred, le monde de Dumas.

Alfred était pressé ce matin-là. À la fois jovial et bougon, comme toujours. Un quadragénaire l'accompagnait, insignifiant et muet. Il me le présenta. Mais j'oubliai aussitôt son nom.

À l'aéroport de Genève, un chauffeur était au rendez-vous, au volant d'une Mercedes qui nous emmena à vive allure au siège d'Elf-Aquitaine International dont Alfred était le président. Pendant que je signais dans le bureau de sa secrétaire les formulaires nécessaires à l'obtention de ma carte, Sirven s'était isolé dans une pièce adjacente pour comploter avec notre compagnon de voyage.

La voiture nous attendait en bas pour nous conduire à Lausanne. Un arrêt était prévu chez Girardet pour un excellent déjeuner comme Alfred les affectionnait. Après le festin, il s'attarda pour choisir un cigare, avec autant d'amour et de soin qu'il l'aurait fait pour prendre femme. Au moment du cigare, rien n'aurait pu le distraire (pour ceux qui veulent retrouver Alfred, c'est simple : il faut se mettre à l'arrêt devant les échoppes des plus prestigieux marchands de havanes, et prendre le vent : il n'est sûrement pas loin !).

À Lausanne, Sirven avait des affaires urgentes à régler. Discrètement. C'est pour cela qu'il était venu. Nous l'avons attendu dans la voiture, l'homme sans qualités et moi. Le temps était maussade. Le rendez-vous d'Alfred bien long. Il pleuvait. J'avais hâte de regagner Paris maintenant, et surtout pas envie de faire la conversation avec cet inconnu. Pourtant lui était pressé de parler, de me parler. Il commença par me tendre furtivement une carte de visite que j'enfouis dans mon sac. Par politesse, je fus obligée de lui donner la mienne à regret, en priant le Ciel qu'il n'en use jamais.

Il me dit à voix basse qu'il travaillait pour Thomson. Il s'appesantit sur les problèmes que rencontrait son entreprise avec les hommes politiques. À l'entendre, entre les industriels et les ministres, c'était vraiment l'incompréhension totale. Le torchon brûlait. Un vrai dialogue de sourds ! Je compatis poliment en hochant la tête et en me retenant de bâiller. Le ronronnement de son discours me berçait. Malgré mes efforts pour simuler un semblant d'intérêt, je commençais à tanguer.

— Vous comprenez... Nous préparons un contrat... Probablement un des plus énormes que Thomson ait jamais conclus... Il s'agit de frégates... Vous savez, des bateaux de guerre...

— Des bateaux de guerre ? balbutiai-je en ouvrant un œil. J'adore les bateaux, mais je n'aime pas la guerre.

En me rendormant presque, je songeai qu'il était étonnant que Thomson fabrique des canonnières, mais je ne pipai mot pour que la conversation s'éteigne d'elle-même. Les yeux mi-clos, j'espérais qu'il se tairait enfin.

— C'est Taïwan qui veut les acheter, ces bateaux. Un contrat formidable... Ah oui ! Vraiment formidable ! Mais le gouvernement français s'y oppose... Si vous saviez ! C'est affreux ! Une catastrophe ! Nous allons perdre ce marché.

— Vous avez raison ! Quelle tragédie ! laissai-je tomber, en me redressant un peu.

Alfred allait donc me laisser poireauter jusqu'à la nuit tandis que ce phraseur continuerait à me bassiner avec ses histoires de rafiots chinois. Je commençai vraiment à regretter d'être venue, à en vouloir à Sirven d'être moins scrupuleux dans le choix de ses fréquentations d'affaires que dans celui de ses Cohibas. Je n'osais pas regarder ma montre, mais je pensais à mes fils qui m'attendaient à Paris. Mon regard s'accrochait désespérément à la porte de cet immeuble où Alfred s'était engouffré. Pour un peu, j'aurais sauté de la voiture, et, bravant la pluie, j'aurais hélé le premier taxi pour l'aéroport. La patience n'est pas mon fort. Mais Sirven aurait été furieux si je lui avais fait un coup pareil. Pour me distraire, je réfléchissais à ce que j'allais bien pouvoir lui dire de désagréable lorsqu'il reviendrait.

Dès que sa silhouette massive est apparue, je n'ai pu retenir un soupir de soulagement. J'ai oublié d'être désagréable, et Barrabès, si loquace tout à l'heure, s'est replongé dans un mutisme absolu. Cela m'a un peu étonnée. En présence d'Alfred, plus de Thomson, plus de frégates, plus de méchants politiciens, plus rien.

L'homme nous a quittés au Bourget, indifférent à mon endroit, comme s'il ne m'avait jamais parlé. Si je n'avais pas eu la certitude d'avoir sa carte, j'aurais pu penser que ce qu'il m'avait dit n'était qu'un rêve. Je crois même que j'ouvris machinalement mon sac pour vérifier, tant son attitude me paraissait incompréhensible.

Une fois seule dans la voiture avec Sirven, je n'ai pu m'empêcher de le questionner, quitte à l'exaspérer, car il avait horreur des questions. Comme tous les hommes. Mais lui, c'était professionnel.

– Je te remercie, Alfred, pour le bon moment que tu m'as permis de passer avec cet énergumène. Une conversation de barbiturique ! Tu vas me trouver indiscrète si je te demande qui c'est ? Son nom m'a échappé, et ses propos aussi, d'ailleurs.

– Oui, il est un peu emmerdant mais c'est un brave type. Il s'appelle Barrabès. Georges Barrabès. Il travaille chez Thomson.

— Ça, il me l'a dit. C'est à peu près tout ce que j'ai retenu. Et quel plaisir d'entendre à nouveau parler de Thomson ! Comme si Claude Joncour ne m'en avait pas assez parlé, de Thomson, et des crasses qu'Alain Gomez a pu lui faire à la CGR ! Non, Thomson, tu vois, c'est plutôt des mauvais souvenirs pour moi !

Je baissai la tête, car effectivement les mauvais souvenirs me revenaient. Oui, j'en avais souvent entendu parler de Thomson, lorsque la CGR (Compagnie générale de radiologie), un des plus beaux fleurons du groupe, avait été vendue aux Américains et mon mari licencié.

— Et tu vas me trouver idiote si je te pose encore une question ?

— Ça dépend.

— Je voudrais juste savoir ce qu'un type de Thomson avait à faire avec nous à Genève. Mais tu n'es pas forcé de me répondre.

Alfred prit son air de conspirateur, son air de bandit-heureux-d'être-un-bandit que j'aimais tant et qui faisait qu'on lui aurait tout pardonné, car à ces moments-là, même un juge d'instruction aurait été obligé d'admettre qu'il était honnête et qu'il avait du cœur. Cet air me manque. Alfred me manque. Dans une vie, on croise peu de gens exceptionnels qui ne vous trahissent pas. C'est généralement quand ils ont disparu qu'on s'en rend compte. Dans les instants de désespoir, lorsque j'ai l'impression de me battre contre des murs, je repense à la prison et à Alfred. Mon seul réconfort, c'est qu'on ne lui pas infligé ça. Alors, je l'imagine, sous les cocotiers, tirant sur son havane, ses dossiers explosifs sous le coude, en train de lire un de mes livres ; et là, comme Jeanne d'Arc, j'entends une voix. Une grosse voix aux accents toulousains. Celle d'Alfred :

– Ne t'en fais pas, petite ! Ils ont voulu nous baiser, mais Tonton Alfred va le leur faire payer cher.

Alors, mes éclats de rire sèchent mes larmes. Alfred n'est peut-être pas un héros, mais c'est quand même le mien.

La voiture s'était engagée dans l'avenue des Champs-Élysées. Sirven se décida enfin à me répondre, et à me livrer les petits secrets de Barrabès :

– Je lui ai ouvert un compte. Il peut nous être utile. C'est un garçon que je connais bien et depuis longtemps...

Cela voulait dire en clair que Barrabès émargeait désormais, comme tant d'autres, sur les listes d'Elf-Aquitaine International. Bienvenue au club !

Alfred hésita un moment et finit par me souffler à voix basse, sur un ton de confidence :

– Et puis c'est un parent d'Évelyne, ma femme.

– Ah ! Si c'est un parent d'Évelyne, c'est différent ! rétorquai-je d'un air moqueur.

Deux jours plus tard, je ne pensais plus à Barrabès. Mais lui ne m'avait pas oubliée. Je m'en aperçus après avoir raccroché le téléphone. Il avait appelé pour m'inviter à déjeuner. Tout de suite, bien qu'il se soit annoncé, je ne l'avais pas reconnu.

Il m'avait donné rendez-vous pour le lendemain, devant la brasserie Les Congrès, en bas de l'avenue de la Grande-Armée. Il souhaitait me parler. Une déclaration peut-être? Non, Barrabès n'avait pas l'air de s'intéresser outre mesure à la gent féminine qui, sûrement, le lui rendait bien. Il préférait les vaisseaux de guerre. J'en arrivai à la conclusion que tout cela était vraiment bizarre.

J'avais accepté par curiosité. Par la suite, j'ai souvent pensé que j'aurais mieux fait de m'abstenir.

Une voiture s'arrêta doucement sur la contre-allée. L'homme sans qualités m'invita à monter en m'ouvrant la portière passager. Sans un mot, il s'engagea dans l'avenue du Général-de-Gaulle en direction de Neuilly, puis de la Défense. Tout cela ressemblait vaguement à un kidnapping. Je commençai à m'inquiéter.

– Vous avez prévu une partie de campagne? osai-je lui demander d'une voix blanche. Je croyais que nous devions déjeuner dans le quartier.

– Rassurez-vous, nous sommes attendus, se contenta-t-il de répondre avec un air mystérieux.

Lorsque nous arrivâmes à la Défense, devant la tour Thomson, je me dis qu'il allait tout bonnement m'ouvrir les portes de son restaurant d'entreprise pour ne pas trop se mettre en frais.

Pour être attendus, nous étions attendus! Il disait vrai! La cantine était en fait située dans les étages les plus élevés, et c'était le restaurant privé du président. Du président Alain Gomez. Les patrons modernes n'ont pas le vertige. Ils adorent l'altitude. Pour Gomez, c'était normal : un ancien parachutiste. Mais parfois, les parachutes ne s'ouvrent pas. Alors, plus on tombe de haut, plus cela fait de bruit. C'est bien connu.

Ce n'était pas vraiment intime là-haut. Ils étaient presque une dizaine. Rien que des hommes. Des visages nouveaux pour moi. Je n'ai pas vu celui de Gomez, pourtant si caractéristique. Mon petit doigt me disait pourtant qu'il ne devait pas être bien loin.

De toute évidence, il y avait tout le gratin de Thomson. Décidément, M. Barrabès me faisait beaucoup d'honneur. Malgré tout, je ne me sentais pas très rassurée. Je repensai à Alfred. J'aurais vraiment préféré qu'il soit là.

Quelle ne fut pas ma surprise de les entendre entonner les uns après les autres, puis reprendre à l'unisson, la « complainte des jonques qu'on ne peut pas vendre » : variations sur le thème de la berceuse que Barrabès m'avait déjà fredonnée à Lausanne ! Un vrai chœur de pleureuses ! Visiblement, c'était une des idées fixes de la maison Thomson.

Je ne compris pas tout de suite. Cependant, après un long préambule, ils en vinrent au fait : leur problème, c'était le veto du ministre des Affaires étrangères. Voilà, c'était dit !

Il y eut un long silence. Pour un peu j'aurais applaudi. Ils restèrent tous à me fixer, la fourchette en l'air, comme s'ils attendaient que je leur dise quelque chose. Mais je terminai tranquillement mon déjeuner, en les laissant dans l'incertitude.

Comme je faisais visiblement semblant de ne pas comprendre, et de n'être pas le moins du monde concernée, certains commençaient à transpirer, en se disant que puisque je gardais le silence, c'était donc que ça aller coûter très cher. Beaucoup plus cher que prévu.

L'un d'eux, le chef de la petite troupe probablement, interprétant peut-être ce mutisme comme un signe d'imbécillité, crut utile d'insister encore plus lourdement :

— Nous comptons absolument sur vous, chère madame, pour essayer de convaincre monsieur le ministre des Affaires étrangères de la nécessité de lever au plus vite ce veto.

C'était la petite phrase que j'attendais pour ramasser mon sac, mon manteau, et tirer prestement ma révérence.

— Nous verrons, bredouillai-je. Nous verrons. Merci pour cet excellent déjeuner !

Barrabès se précipita à mes trousses, désemparé. Heureusement, il avait un prétexte : me ramener à la Porte Maillot. Dans la voiture, comme je n'étais pas plus prolixe que pendant le repas, après les banderilles des autres, il me porta une estocade personnelle :

— Au cas où vous n'auriez pas bien compris, il y aura des commissions. De très fortes commissions. Pour tout le monde. Vous entendez ? Tout le monde.

— J'ai fort bien compris, répondis-je froidement en le saluant.

La mission

Lorsque je repense à cet épisode, je me demande si les valises de billets n'étaient pas déjà prêtes, dans un coin du restaurant du président, et si tous ces messieurs n'étaient pas venus en force pour m'aider à les descendre, tout simplement. C'était peut-être pour ne pas être le témoin de cette scène qu'Alain Gomez s'était caché. Car j'imagine qu'il n'était pas bien loin.

Ils n'avaient pas fait dans la dentelle. Ce qu'ils attendaient de moi, c'était un seul mot. Juste une question : combien?

Si j'avais dit cela, je leur garantissais une trentaine de milliards. Dont trois revenaient illico dans les caisses noires. Le champagne devait être au frais.

Ils auraient juste pris le risque – calculé – que je garde une valise ou deux pour moi. Le reste pour Dumas!

Fallait-il qu'il ait bonne réputation pour qu'ils aient osé me demander une chose pareille!

Et si j'avais tout gardé, que m'auraient-ils fait?

Ils n'avaient certainement pas imaginé la suite. Je n'ai rien dit à Dumas sur le moment. J'avais honte. Pour lui et pour moi. Des mots inquiétants me cognaient dans la tête : corruption, trafic d'influence!

Au lieu de courir au Quai d'Orsay, où j'étais peut-être attendue, j'ai téléphoné à Alfred. Je lui ai tout raconté. Et il est entré dans la plus grande colère qui soit.

Il explosa littéralement :

– Ah le salaud! Ah l'ordure! Ah les fumiers! Je t'interdis de revoir ces gens! hurlait-il. Ne te mêle surtout pas de ça, tu entends ? Je vais l'appeler cette salope, ce Barrachose, ce Barrabas, ce Barrapute ! C'était donc pour ça qu'il voulait me voir ! T'emmener là-bas ! Te foutre là-dedans ! Et dans mon dos ! Et en plus je lui ai fait un contrat ! Oui, je vais lui téléphoner au Barrabès ! Et il va en avoir des nouvelles d'Alfred !

J'ai beaucoup de mal à imaginer, en me rappelant cette scène, que Sirven ait pu jouer la comédie ce jour-là. Il était, à l'évidence, décontenancé par ce que je lui apprenais. Il ne se contrôlait plus. Il ne supportait pas l'idée que Thomson ait pu vouloir me faire jouer le rôle de porteuse de valises.

En décembre 1997, Alain Gomez a été entendu par les magistrats. Il a prétendu que j'étais venue le supplier dans son bureau pour qu'il m'accorde la faveur de vendre les frégates de Taïwan par l'intermédiaire de ma petite société de communication Kairos, créée quelques années plus tôt. Il a dit qu'Alfred Sirven était un escroc. Il a dit que j'étais sa complice.

Alfred m'avait donné rendez-vous le soir même chez Apicius, un de ses restaurants préférés. Il ne s'était pas du tout calmé, mais avant d'appeler Barrabès, il voulait en savoir plus. Je lui racontai les détails du déjeuner. Au fur et à mesure de ma narration, il les invectivait encore, ces « enfoirés » de Thomson, tout en m'ordonnant d'éviter dorénavant tout contact avec eux.

Je tentai de l'apaiser en lui expliquant qu'il n'y avait pas de problème de mon côté, que tout cela m'était égal et que nous n'en parlerions plus.

La mission

Mais c'est Alfred qui m'en reparla. Trois semaines plus tard. Manifestement, il s'était expliqué avec Barrabès, lequel avait dû trouver des arguments convaincants, puisque Alfred avait été reçu lui aussi à la tour Thomson, où il avait rencontré plusieurs des hommes du déjeuner : Alain Thétard et Jean-François Briand, notamment. Il résultait de ces entretiens que finalement Sirven interviendrait dans la négociation. Son rôle ? Faciliter l'aboutissement du contrat, tant du côté chinois que du côté français.

À Pékin, il se servirait d'un réseau, habitué à agir pour Elf, puisque Thomson se plaignait de ne pas avoir de correspondants chinois sérieux sur place.

Côté français, j'étais le seul agent. La partie stratégique de l'opération se déroulerait à travers moi, car le concours de Dumas était déterminant, ce qui n'empêchait pas de mener des actions concomitantes, en Chine ou ailleurs.

Alfred agissait avec la bénédiction de Loïk Le Floch-Prigent, et d'Elf qui ne serait pas pour autant officiellement impliquée.

Il me donna abruptement l'ordre de participer à ces négociations pour la partie française.

Il n'était absolument pas question de donner de l'argent au ministre. Si effectivement des sommes devaient lui être versées, ce qui d'ailleurs ne signifie pas nécessairement qu'il se les serait personnellement appropriées, des spécialistes de l'arrosage tous azimuts s'en chargeraient le moment venu. Peut-être Sirven lui-même.

Au printemps 1990, je n'avais ni à le savoir ni à le faire. Ma mission n'était qu'une mission de renseignement doublée d'une action de lobbying classique.

Je n'ai pas eu le choix, car refuser, c'était rompre avec Sirven, donc avec Elf. Du reste, après l'exposé qu'il me fit du dossier, il me sembla que la signature du contrat Bravo était conforme aux intérêts français. Il n'y avait pour moi aucun doute : agissant sous les ordres d'Alfred, donc d'Elf et de Thomson, sociétés nationalisées, j'agissais pour la France ; et finalement j'en étais très fière.

Aucune rémunération spéciale n'était prévue. Je continuais à servir dans le cadre de ma mission initiale pour Elf. Les frégates, c'était juste un dossier de plus. Sirven coordonnerait les actions. Il se donnait un an au plus pour conclure l'affaire.

Je n'avais pas de secrets pour Dumas. Je finis donc par le mettre au courant de mon déjeuner à la tour Thomson, puis de la rencontre entre Sirven et les hommes de Gomez et enfin de l'intervention de Sirven dans cette affaire, donc du rôle que j'aurais à tenir. Peut-être était-il déjà prévenu de tout cela. Je n'en serais pas étonnée aujourd'hui.

— Imaginez, lui dis-je, que j'ai été sollicitée par des gens de Thomson, pour l'affaire des frégates de Taïwan.

— Vraiment ? Cela peut-il me concerner ?

— Je le crois. Ils se plaignent. Vous les empêcheriez de travailler, obstiné que vous êtes à défendre les Chinois.

— Et ils pensent que vous allez me faire changer d'avis ?

Pendant la campagne des élections législatives de 1988, dîner dans ma maison familiale de Dordogne *(DR)*.

L'effervescence des sommets européens. Ici, à Venise, en automne 1990 *(DR)*.

Pendant la campagne des élections législatives de 1988, dîner dans ma maison familiale de Dordogne *(DR)*.

L'effervescence des sommets européens. Ici, à Venise, en automne 1990 *(DR)*.

En vol vers le camp des réfugiés kurdes, dans un Transal de l'armée de l'air française (mai 1991) *(DR)*.

*L'Ambassadeur de la
République Populaire de Chine
Cai Fangbo*

prie Madame Christine JONCOUR

de lui faire l'honneur de venir dîner à sa Résidence
35, Boulevard du Château, Neuilly-Sur-Seine
Le Jeudi 25 Avril 1991 à 20 h 00

~~R.S.V.P.~~ P.M.

à l'occasion de la visite officielle en Chine de Son Excellence
Monsieur Roland Dumas, Ministre d'État, Ministre des Affaires
Étrangères

*Claude Martin
Ambassadeur de France en Chine*

prie Madame Joncour

de lui faire l'honneur de venir à un déjeuner
le mardi 30 avril à 13h

4, San Li Tan Dong Si Jie
Pékin
Restaurant des Vieux Amis

R.S.V.P.

Sur la route du contrat Bravo, dans l'Airbus prêté par le président de la République. Destination : Pékin (29 avril 1991) *(DR)*.

PRÉSIDENCE DE LA RÉPUBLIQUE FRANÇAISE

SERVICE DES VOYAGES OFFICIELS

Madame Christine JONCOUR

En mission pour Elf (1991), à l'occasion d'une visite du ministre au Gabon *(DR)*.

Rencontre musicale et diplomatique au Festival de Bayreuth 1992. En compagnie du ministre des Affaires étrangères allemand, M. Gensher, et de son épouse *(DR)*.

Par mesure de sécurité, en vous remerciant de vouloir bien transmettre ces informations, aux Juges Eva JOLY et Laurence VICHNIEVSKY.

Souhaitant trés prochainement assurer ma défense dans des conditions respectables et raisonnables, contrairement à toutes les accusations proférées, je suis décidé à me faire entendre par les Magistrats Chargés de ce dossier, en leur faisant une entière confiance quant au déroulement de la mise en examen qui s'ensuivra.

Je souligne, qu'une détention même provisoire, me serait fatale, et ne pourrait en aucun cas aider la justice.

Indépendamment de ma décision, et par souci d'honnêteté, je tiens absolument à confirmer les déclarations de madame Christine DEVIERS-JONCOUR, concernant le don des Statuettes et l'appartement de la rue de LILLE.

Madame Christine DEVIERS-JONCOUR n'avait aucune initiative à prendre. Elle ne peut être responsable des affaires qui lui sont reprochées, même si elle en a bénéficié indirectement. (cela peut se comprendre!.

En m'abstenant de toutes critiques envers les Magistrats en exercice, Je reconfirme prendre contact avec ces Magistrats trés prochainement.

Alfred SIRVEN

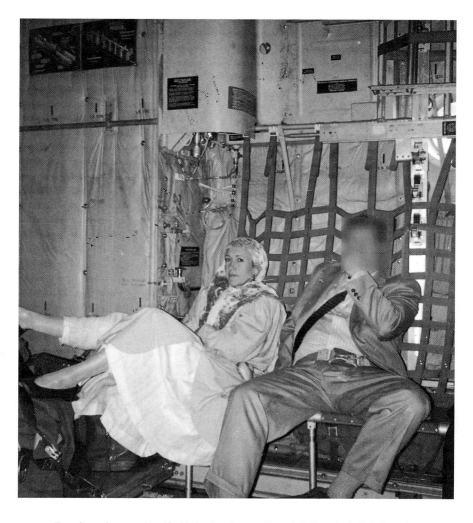

En vol vers le camp des réfugiés kurdes, dans un Transal de l'armée de l'air française (mai 1991) *(DR)*.

*L'Ambassadeur de la
République Populaire de Chine
Cai Fangbo*

prie... Madame Christine JONCOUR......
de lui faire l'honneur de venir dîner à sa Résidence
35, Boulevard du Château, Neuilly-Sur-Seine
Le Jeudi 25 Avril 1991 à 20 h 00

~~R.S.V.P.~~ P.M.

à l'occasion de la visite officielle en Chine de Son Excellence
Monsieur Roland Dumas, Ministre d'Etat, Ministre des Affaires
Etrangères

*Claude Martin
Ambassadeur de France en Chine*

prie   Madame   Joncour

de lui faire l'honneur de venir à un déjeuner
le mardi 30 avril à 13h

4, San Li Tan Dong Si Jie
~~Pékin~~   R.S.V.P.
Restaurant des Vieux Amis

Sur la route du contrat Bravo, dans l'Airbus prêté par le président de la République. Destination : Pékin (29 avril 1991) *(DR)*.

PRÉSIDENCE DE LA RÉPUBLIQUE FRANÇAISE

SERVICE DES VOYAGES OFFICIELS

Madame Christine JONCOUR

En mission pour Elf (1991), à l'occasion d'une visite du ministre au Gabon *(DR)*.

Rencontre musicale et diplomatique au Festival de Bayreuth 1992. En compagnie du ministre des Affaires étrangères allemand, M. Gensher, et de son épouse *(DR)*.

Par mesure de sécurité, en vous remerciant de vouloir bien transmettre ces informations, aux Juges Eva JOLY et Laurence VICHNIEVSKY.

Souhaitant trés prochainement assurer ma défense dans des conditions respectables et raisonnables, contrairement à toutes les accusations proférées, je suis décidé à me faire entendre par les Magistrats Chargés de ce dossier, en leur faisant une entière confiance quant au déroulement de la mise en examen qui s'ensuivra.

Je souligne, qu'une détention même provisoire, me serait fatale, et ne pourrait en aucun cas aider la justice.

Indépendamment de ma décision, et par souci d'honnêteté, je tiens absolument à confirmer les déclarations de madame Christine DEVIERS-JONCOUR, concernant le don des Statuettes et l'appartement de la rue de LILLE.

Madame Christine DEVIERS-JONCOUR n'avait aucune initiative à prendre. Elle ne peut être responsable des affaires qui lui sont reprochées, même si elle en a bénéficié indirectement. (cela peut se comprendre!).

En m'abstenant de toutes critiques envers les Magistrats en exercice, Je reconfirme prendre contact avec ces Magistrats trés prochainement.

Alfred SIRVEN

La mission

— Ils l'espèrent, en tout cas. Ils voudraient surtout que je les tienne très au fait de la position que la France compte adopter.

— Vous la connaissez aussi bien que moi.

— Dumas, ne me prenez pas pour une idiote! Votre métier consiste, la plupart du temps, à changer d'avis. Il suffit que vous me préveniez quand ce sera le cas, et que vous leur permettiez de s'organiser, c'est tout.

— Nous verrons bien. Vos amis d'Elf sont prévenus?

— Ils m'encouragent dans le même sens.

— Si je comprends bien, vous êtes en mission officielle?

— Presque.

— Ils vous ont proposé de l'argent?

— Pas d'une manière claire. Au début, il a été question de commissions, puis Sirven s'est arrangé avec eux.

— Eh bien! Je crois que tout cela est une bonne idée. Vous devriez travailler avec Thomson. Le dossier est intéressant. C'est une très grosse affaire. Je vous aiderai de mon mieux, mais ne vous attendez pas à des miracles!

Tant que Sirven ne me donna pas le feu vert, nous n'eûmes jamais l'occasion de vraiment parler de Taïwan avec Dumas. Mais une fois le dispositif de l'opération mis en place, je lui demandai clairement s'il pensait ou non pouvoir faire quelque chose. Il me répondit en diplomate, m'expliquant d'abord les grandes lignes de la position française.

Il n'avait *a priori* aucune hostilité à la signature de ce contrat. Avec de la patience, le Gouvernement parviendrait à donner satisfaction à toutes les parties. L'attitude de Mitterrand pouvait évoluer, mais selon lui, cette évolution serait lente. Le chef de notre diplomatie était le mieux placé pour intervenir à Pékin, dont la position serait déterminante. Il n'hésiterait pas à le faire, dans la mesure où ses interventions ne nuiraient pas aux relations de la France avec la Chine.

Je n'eus donc pas l'impression que ses dispositions étaient aussi hostiles aux frégates que les dirigeants de Thomson avaient pu me le dire. En fait, il se déclara tout à fait prêt à m'aider dans ma mission. Il fut convenu qu'il me tiendrait régulièrement informée de l'avancement du dossier, de ses démarches discrètes, et de la position des uns et des autres. En aucun cas, il ne voulait apparaître favorable au projet. D'autant plus que notre relation conférait à ma mission un sens ambigu. C'était, selon lui, une raison supplémentaire d'être prudent.

Il ne s'était jamais offusqué de mon travail pour Elf-Aquitaine. Il ne sembla pas plus surpris que je sois désormais appelée à suivre le dossier des frégates. J'eus malgré tout le sentiment qu'il me tenait un discours convenu, sans me révéler pour autant les tenants et aboutissants de l'affaire, lesquels, après tout, ne me regardaient pas.

Dumas et Sirven se rencontrèrent en tête à tête à la fin du mois de juin 1990, à la faveur d'un rendez-vous que j'avais organisé. Alfred informa le ministre du dispositif mis en place par Elf. En échange, Thomson avait accordé le principe d'une rémunération forfaitaire accordée sous forme de commission sur le marché, estimé au départ à 12 milliards. Il lui montra un projet de contrat préparé par un des ses collaborateurs, Hubert Le Blanc Bellevaux. Une structure, basée à Genève, Frontier AG Bern, serait utilisée pour la circonstance.

Le montant de la commission fut âprement discuté pendant plusieurs jours entre l'équipe de Sirven et celle de Thomson. On s'accorda finalement sur le chiffre de 1 %. Le réseau devait donc recevoir 120 millions.

Dumas suivit de très près ces négociations. Il n'est pas impensable qu'il soit intervenu auprès de Thomson pour favoriser l'équipe Elf. De là à conclure que ses intérêts ou ceux de personnes ou d'organismes dont il aurait pu être le représentant, étaient également en jeu, il n'y a qu'un pas à franchir. Le 18 juillet, occupé par la réunion des Six à Paris, il prit tout de même la peine de laisser un message à son secrétariat : « Si Thomson appelle, c'est OK. » Comme il était question de Thomson, et non pas d'Elf, on peut penser qu'il répondait favorablement à une proposition ou une contre-proposition. En tout cas, c'est la preuve qu'il était directement en contact avec Thomson.

Comme par hasard, le lendemain même du jour où Dumas avait laissé ses instructions pour Thomson, le contrat fut effectivement signé entre Alain Thétard, collaborateur de Jean-François Briand, et Edgar Brunner, un fiduciaire genevois représentant le réseau à travers Frontier AG Bern. Cette convention secrète expirait le 13 juillet 1992. Elle fut déposée dans un coffre de la BNP à la Défense.

À ce stade, je ne vois aucune escroquerie montée par Sirven. Il est intervenu en qualité d'intermédiaire, pour faire aboutir un contrat. Elf, Thomson, et probablement Dumas, se sont entendus pour qu'une commission soit versée. Chacun des intervenants y avait sûrement ses intérêts. Car dans ce milieu j'ai vu beaucoup de bizarreries, mais jamais personne faire quoi que ce soit gratuitement.

Mon rôle fut plus nettement précisé lors d'une réunion qui se tint au club Saint-James. Sirven me présenta à un autre homme de Thomson, Christian Jallabert, qui m'exposa les détails de ma mission auprès du Quai d'Orsay : je devais recueillir au jour le jour, auprès de Dumas, un maximum de renseignements sur la position de la diplomatie française et de la diplomatie chinoise, tout en essayant d'harmoniser les intentions du ministre avec celles de Thomson. Je rendrais compte de mon action et transmettrais les renseignements obtenus à Sirven, qui serait mon seul contact.

Quant à Barrabès, l'homme de Genève, Alfred ne lui tint pas longtemps rigueur de son attitude à mon égard. À l'automne suivant, j'ai accompagné Sirven pour une mission Elf au Gabon. Nous devions rendre visite à l'incontournable Omar Bongo. Dans le Falcon, deux hommes nous accompagnaient : Daniel Léandri, proche de Charles Pasqua, et Georges Barrabès. Je n'ai pas osé redemander à Sirven pourquoi « Barrachose »

La mission

était encore là. Cette fois, il ne m'aurait sûrement pas répondu.

Et ce que faisait Léandri sur le sol africain me paraissait couler de source. Mais ce n'est pas là mon propos.

Très vite, un autre homme est apparu dans l'organisation de Sirven. Il s'agit d'Edmond Kwan.

C'était un Canadien, né après-guerre d'une famille chinoise exilée en 1940.

Dans les années soixante-dix, il poursuivit ses études aux États-Unis. Envisageant de s'y installer, il y aurait fait un mariage blanc. Mais après une brouille avec son « épouse », celle-ci obtint de divorcer et dénonça Kwan aux autorités de l'immigration. Expulsé, il choisit de s'exiler à Taïwan, pour retrouver ses racines.

Dans l'avion, il rencontra une très jeune Américaine, héritière de la famille Lockheed, industriels de l'aéronautique, et l'épousa peu après. De ce fait, au milieu des années quatre-vingt, il s'installa à Hong Kong à la tête d'une société chargée par la firme Lockheed de revendre à Taïwan des pièces d'hélicoptères. Après un second divorce, il conserva des liens tant avec Lockheed qu'avec l'aéronautique. Dans le cadre de ses activités professionnelles, il eut l'occasion de faire connaissance avec des cadres de Thomson, et particulièrement avec un certain Alain Gérard.

En juin 1989, Edmond Kwan vint faire une visite au Salon du Bourget, à l'occasion duquel il fut invité à un dîner organisé par une Chinoise connue dans les milieux d'affaires, de l'aéronautique et de l'armement, Tian Qing.

Tian Qing était la fille de Liu Shaoqi, qui présida aux destinées de la République populaire de Chine de 1959 à 1968.

Élevée aux États-Unis, elle fut la première Chinoise à obtenir à Harvard le prestigieux MBA. Aussitôt embauchée par Rockefeller, elle se lia à un homme d'affaires américain, Bruce Whitman, dirigeant de deux sociétés liées à l'aéronautique : Bonet Air et Flight Safety, spécialisée dans les simulateurs de vol.

Mutée à Pékin, elle en profita pour nouer quelques contacts qui lui permirent de créer une petite entreprise de lobbying. Ainsi ouvrit-elle des marchés à son ami américain. Flight Safety fut choisie pour former des centaines de pilotes chinois.

Tian Qing travailla avec plusieurs investisseurs européens, en particulier la société Clinbrun Frères qui obtint par son entremise un fructueux contrat pour la construction de gazoducs.

C'est au début de 1989 qu'elle fut approchée par Thomson qui lui demanda d'intervenir dans le dossier Bravo, pour lequel elle fit quelques vaines tentatives, contrariées par les événements de la place Tiananmen.

De fait, Tian Qing, malgré sa parenté illustre, semble ne jamais avoir pu réellement infiltrer le milieu très fermé des dirigeants du Parti.

À cette époque, elle comptait au nombre de ses amis intimes le brillantissime et mystérieux William Lee, né en Californie, ancien diplomate américain devenu avocat d'affaires, patron de l'antenne parisienne du prestigieux cabinet Sherman & Sterling,

La mission

qui fut chargé en 1988, par Édouard Balladur, alors ministre des Finances, de certaines opérations de privatisation. William Lee, également patron de Triangle, une société de conseil juridique basée à Hong Kong dont le principal client fut longtemps Thomson, devint en 1990 patron de l'antenne parisienne du cabinet d'investigation Kroll, fonction dont il démissionnera en 1993 pour prendre la tête de la fronde des petits actionnaires qui menèrent une vie très dure au groupe Matra-Hachette-Lagardère à propos des missiles vendus à Taïwan.

Parmi les gros clients de Kroll : Thomson encore !

Des rumeurs ont couru à la DST sur les liens de Lee avec la CIA. De fait, il semble proche de la communauté du renseignement américain depuis son passage au Département d'État. Mais d'autres l'ont accusé de travailler pour le GOGANBU chinois.

Au cours du dîner du Salon du Bourget en juin 1989, Tian Qing fit d'imprudentes confidences sur les difficultés du contrat Bravo devant Edmond Kwan, qui était en relation avec un certain... Sirven.

Alfred était donc bien placé, quelques mois plus tard, pour savoir que Thomson avait beaucoup de difficultés à agir en Chine, et donc pour apparaître, aux yeux de Jean-François Briand et de ses hommes, comme un partenaire indispensable.

Edmond Kwan, qui par ailleurs était lié avec Thomson, avait, quant à lui, de sérieux atouts en main pour figurer dans notre équipe. Au mois d'octobre 1990, Alfred lui fit un contrat (66 000 F mensuels) sur Elf-Aquitaine International, pour ses frais.

Pour faciliter ma mission, Sirven octroya aussi quelques petites gratifications (en liquide) aux subalternes. Ainsi une secrétaire du ministre des Affaires étrangères reçut-elle, au vu et au su de Roland Dumas, un petit supplément mensuel pour achever les travaux de son appartement.

Les rouages étant bien huilés, il ne restait plus qu'à travailler.

5

Courtisane ou intermédiaire de la France ?

Pour beaucoup de nos dirigeants et de nos hommes politiques, le contrat Bravo aura au moins été l'occasion de voir du pays et de découvrir la Chine libre.

Désormais, sans doute pour exorciser le massacre de Tiananmen et exalter les Droits de l'homme, on se rendait en pèlerinage à Taïwan comme d'autres, jadis, allaient à Compostelle ou comme certains allaient à Solutré.

En février 1990, Jean de Lipkowsky, ami d'Édith Cresson et de François Mitterrand, se rendit à Formose où il rencontra le ministre de la Défense.

Au mois de juillet 1990, Jean-Yves Le Drian, député-maire de Lorient, fit le même voyage pour rencontrer le ministre des Affaires étrangères. Il revint d'autant plus galvanisé qu'on lui avait donné l'espoir que la France pourrait peut-être vendre un TGV, en plus des armes prévues.

Ces bonnes nouvelles suscitèrent à Paris un regain d'enthousiasme dans les milieux gouvernementaux, et enflammèrent Christian Sautter, qui n'était pas encore ministre des Finances, mais secrétaire général adjoint de l'Élysée.

Sautter indiquait par écrit, dès l'été 1990, qu'il ne voyait « aucune raison de ménager le gouvernement de Pékin, qui commande peu et paie mal [1] ». Carrément ! D'aucuns diront que c'est de l'histoire ancienne. Espérons en tout cas pour notre économie que les Chinois ne sont pas rancuniers ! Parce que sinon, cela ne va pas nous arranger pour vendre des Airbus au meilleur prix.

Cet avis était d'ailleurs largement partagé au « Château » par l'entourage du président.

En septembre de la même année 1990, Jean-Marie Le Guen, Jean-Christophe Cambadélis, Patrick Sève, et Julien Dray, députés, proches de la MNEF, firent le déplacement à leur tour pour apporter en procession leur aide aux négociations, même s'ils s'en défendirent plus tard. Ils rencontrèrent sur place l'avocat Denis Forman, vice-président de la chambre de commerce de Taipeh, et ancien de l'UNEF, qui ne s'est jamais caché d'avoir été en contact avec les industriels français de l'armement et de les avoir aidés.

Si Dumas s'était montré assez conciliant au départ, l'opiniâtreté avec laquelle je défendais les frégates ne tarda pas à l'impatienter.

J'avais entrepris de lui en parler tous les jours. De manière insistante, et de plus en plus documentée. La nuit, je potassais les dossiers confidentiels de

---

1. Cité par Hervé Gattegno in *L'Affaire Dumas*, Stock, 1998, p. 161.

Courtisane ou intermédiaire de la France ?

Thomson qu'Alfred m'avait transmis. J'étais devenue incollable sur les armes furtives. Je lui parlais de la qualité des matériels, de leur efficacité. Je lui parlais de la Chine, où je n'étais pourtant pas encore allée. J'insistais sur la violation des Droits de l'homme à Tiananmen, qui déliait, selon moi, la France de tous ses engagements. Chiffres à l'appui, je lui démontrais l'intérêt du marché, pour l'économie, et surtout pour l'emploi. J'essayais aussi de culpabiliser Dumas en lui parlant des ouvriers de Lorient, qui attendaient leur lettre de licenciement, et pour lesquels la mise en chantier des bateaux était le dernier espoir. Je lui ressassais inlassablement mes argumentaires pour essayer de lui prouver que le feu vert français n'aurait aucune incidence notable sur nos relations avec la Chine. Je reprenais le précédent hollandais. De toute façon, si ce n'était pas nous qui les vendions, ces bateaux, d'autres le feraient à notre place, et Pékin ne nous en serait pas plus reconnaissant pour autant. Il n'y avait qu'à ruser, promettre aux communistes de n'envoyer que des coques nues à Formose, expédier l'armement séparément, puis tout assembler là-bas. C'était possible. Nous avions fait des études très précises.

Je profitais de tous les instants. Des moments où je le rencontrais pour les affaires d'Elf que je continuais évidemment de suivre ; des moments, plus rares, où je le voyais en privé.

Il en vint à s'énerver, à me prier de ne plus aborder ce sujet. J'y revenais quand même. C'était devenu comme un jeu. J'avais décidé que j'en viendrais à bout à l'usure. Je ne le lâcherais pas. J'apparaissais là où il ne m'attendait pas. La secrétaire, pour les raisons qui ont été dites, pouvait difficilement refuser d'avouer où il se trouvait. À la fin, lassé, il abordait le sujet de lui-même :

— Vous allez encore recommencer avec vos frégates, je suppose. Alors autant en parler tout de suite ! Allez-y ! Qu'avez-vous trouvé de nouveau pour me convaincre ?

Lorsque je n'avais plus d'arguments, j'en inventais. Il me semblait que mon opiniâtreté ne pouvait que forcer son admiration.

Mais il y avait quelqu'un de plus obstiné que moi encore. C'était Alfred, qui s'énervait de plus en plus parce que je n'obtenais rien de concret qui puisse attester d'un progrès, même minime.

Il alla jusqu'à me faire des reproches. Je ne sais s'il le pensait vraiment ou s'il aiguillonnait mon amour-propre pour me rendre plus efficace : finalement, je n'étais pas aussi persuasive que j'en avais l'air ; je ne servais pas à grand-chose, même pour Elf ; c'était à se demander pourquoi on m'avait embauchée.

Ses colères devenaient plus fréquentes. J'avais beau dire que je faisais de mon mieux, et que je n'avais aucune obligation de résultat. Ce n'était pas ma faute si Dumas ne me faisait part d'aucun signe d'évolution. Ce n'était pas lui qui prenait la décision d'exporter ou non. Le feu vert venait de plus haut.

Pour calmer Alfred, j'étais obligée de trouver des expédients, et même de me fâcher, moi aussi, quel-

Courtisane ou intermédiaire de la France ?

quefois. Il n'avait qu'à se servir de son réseau pour activer les choses à Pékin : après tout, les problèmes venaient de là-bas ! C'était sur place qu'il fallait intervenir ! Pourquoi toute l'affaire devait-elle reposer sur mes épaules ?

Alfred répliquait que le réseau était au travail et ne ménageait pas sa peine. Kwan faisait ce qu'il pouvait. Il approchait l'entourage de Jiang Zemin. Mais pour lui, il y avait des risques physiques, car certains dirigeants de Pékin étaient braqués. Si Kwan était démasqué, il pouvait passer pour un espion Taïwanais. Et là, c'était une balle de 38 dans la nuque.

Au mois de novembre 1990, lors de la visite du ministre des Affaires économiques de Formose, Vincent Siew, qui fut reçu par Le Floch, Elf s'attacha à assurer aux clients de Thomson que la compagnie pétrolière avait pris les choses en main et que le marché serait bientôt conclu. Siew répondit que Taipeh n'allait pas attendre de se faire envahir pour faire plaisir aux Français. Des pourparlers étaient déjà en cours avec d'autres fournisseurs qui avaient fait des propositions intéressantes.

Alors un soir, Alfred, à bout de nerfs, me proposa de l'argent. Il me dit que si le contrat était signé, je percevrais une substantielle rétribution. Je lui répondis que là n'était pas le problème, et que ses promesses ne feraient pas avancer les choses plus vite.

Je ne pouvais lui avouer que quelque chose avait changé dans ma vie.

Au début du mois d'août 1990, à un moment où Dumas me délaissait, j'avais fait la rencontre de

Gilbert Miara. C'était un quinquagénaire plein de charme, sympathique et drôle, retiré des affaires, qui adorait s'amuser avec sa bande de vieux copains inséparables, piliers du club Castel : Claude Brasseur, Philippe Junot, Alix Chevassu et les autres.

Je fus admise dans leur cercle. Leurs facéties me changeaient les idées. Chevassu était le plus excentrique.

Bien vite, je me liai d'amitié avec Miara. À la fin de l'été, cette amitié prit une autre tournure. J'avais eu la faiblesse d'en parler à Dumas. Peut-être parce que j'étais, malgré ses frasques, toujours amoureuse de lui. Le ministre, tout en feignant l'indifférence, supportait difficilement l'idée que d'autres hommes que lui m'approchent.

Une enquête en règle fut aussitôt diligentée par les Renseignements généraux, par l'entremise de l'amie de toujours, Lucienne Goldfarb, *alias* Lucienne Tell, *alias* Katia la Rouquine, animatrice de l'association Operalia, qui, après avoir échappé aux survivants du réseau de résistants qu'on l'accuse d'avoir dénoncé, avait ouvert une maison « échangiste » à Paris, rue du Débarcadère. Un établissement ayant pignon sur rue, signalé dans *Pariscope*, et où Dumas rendait parfois visite à la Rouquine, qui de son côté avait ses entrées au ministère de l'Intérieur. Elle était l'intime du commissaire Pellegrini, numéro deux de la cellule de l'Élysée à l'époque de l'affaire des écoutes clandestines. Son épouse était au cabinet de Dumas, pour s'occuper... du dossier Bravo.

Courtisane ou intermédiaire de la France ?

De cette manière, le ministre avait non seulement appris le nom de Miara, mais aussi son adresse. Il avait même obtenu, semble-t-il, des photos.

Coïncidence : Miara habitait rue de Bièvre, comme Dumas et Mitterrand, ce qui a d'ailleurs permis aux enquêteurs d'échafauder les plus invraisemblables hypothèses.

Lorsque le président du Conseil constitutionnel, en janvier 1997, sera interrogé par le journaliste Hervé Gattegno qui lui demandera s'il connaît Gilbert Miara, et s'il est exact que ce dernier habite rue de Bièvre, la réponse sera la suivante : « Rue de Bièvre, vraiment ? Mais c'est un roman policier ! »

Le ministre avait donc fini par identifier son rival. L'inverse n'était pas difficile, puisque Dumas est assez reconnaissable. Inévitablement, ils ne manquaient pas de se croiser. À chaque fois, mon téléphone sonnait, et j'avais droit à un double rapport : celui de Dumas, mais aussi celui de Miara, qui était de plus en plus exclusif.

– Figurez-vous que j'ai vu votre nouvel amant ! ricanait l'un.

– Tu ne devineras jamais ! Je viens de croiser ton vieux beau ! ironisait l'autre.

Cette rivalité, qui s'exaspérait chaque jour davantage, n'arrangeait pas mon travail. Dumas en profitait pour être de plus en plus réticent quand je lui parlais du contrat Bravo. Si Alfred l'avait su, cela aurait pu être terrible.

Un peu avant Noël, Dumas m'avait emmené voir une exposition de statuettes hellénistiques, qui

Opération Bravo

précédait une vente aux enchères. Il avait fait son choix sur le catalogue, et m'avait demandé de les acheter pour lui, car il serait absent le jour de l'adjudication. Sirven en conclut que Dumas serait content d'avoir un cadeau de Noël. Il me remit de l'argent liquide, que finalement je n'utilisai pas et que je lui rendis. Je fis l'acquisition, pour environ 300 000 F, des statuettes que Dumas avait cochées sur le programme. Je payai par chèque le commissaire-priseur, et remis les objets au ministre lorsqu'il fut de retour. Il les emporta, ravi, en disant que jamais une femme ne lui avait fait un aussi beau cadeau. Il n'ignorait pas que je ne payais pas de mes deniers. Le salaire que je percevais d'Elf, quoique non négligeable (51 000 F mensuels), ne me permettait pas une pareille dépense. Quelques jours plus tard, Sirven me fit virer l'équivalent du prix d'acquisition par Elf-Aquitaine International.

Au début de l'année 1991, Roger Fauroux, ministre de l'Industrie, se rendit à Taïwan en visite officielle, pour accélérer les négociations, ce qui fit scandale à Pékin.
Moi, j'étais triste. Mon fils aîné était parti en Russie.
Roland essaya de me rassurer :
– Ne vous inquiétez pas ! Il est entre de bonnes mains. Je l'ai recommandé à l'un de mes plus vieux amis.
J'ai appris récemment, abasourdie, que le vieil ami en question n'était autre que Nicolaï Tchetverikov, chef de poste du KGB à Paris en 1983, qui

Courtisane ou intermédiaire de la France ?

révéla aux Soviétiques, après son expulsion, l'existence du célèbre espion Farewell. L'agent secret de la France, de son vrai nom Vetrov, travaillait clandestinement à Moscou pour le compte de la DST en prenant des risques incroyables. Tchetverikov présenta Vladimir Kowalski, son gendre, à mon fils : lui aussi avait été au KGB, en poste au Gabon.

Ce qui est stupéfiant, c'est que Dumas, une fois nommé aux Affaires européennes, avait accordé à Tchetverikov un visa de retour en France, peu après que l'espion eut été reconduit à la frontière ! Quelques jours après l'accession de Dumas au ministère des Affaires étrangères, on exécuta Vetrov comme un chien au fond d'une prison moscovite, sans que la France ait fait quoi que ce soit pour épargner sa vie. Dumas, qui parlait couramment le russe, et dont Tchetverikov fit éditer un ouvrage à Moscou, devait pourtant être informé. D'autant plus qu'il s'était fait installer rue de Bièvre, à une époque où l'usage de tels matériels n'était pas encore courant, une antenne parabolique tournée vers les satellites soviétiques, et passait son temps à suivre les actualités de Moscou.

J'aimerais bien que Dumas m'explique un jour ce qui s'est passé avec Vetrov. J'aimerais bien qu'il me dise pourquoi le chef du KGB à Paris était un de ses plus vieux amis. Peut-être sait-il si « Drom » a vraiment existé. La récente publication, à Londres, des archives du transfuge Mitrochine indique, en effet, qu'un agent de l'Est répondant à ce nom de code était infiltré depuis les années cinquante dans l'entourage de Mitterrand, et que le

KGB avait été déçu qu'il ne soit pas nommé ministre dès le début du premier septennat.

À la fin du mois de janvier 1991, comme j'étais venue au Quai pour défendre un dossier d'Elf, le ministre me lança soudain :
— Et cette clé en or qui vous avait été promise ? Vos amis n'ont plus l'air de s'en souvenir. Tâchez de leur rafraîchir un peu la mémoire, à l'occasion !

En récompense de son intervention auprès de Mitterrand pour la nomination de Le Floch-Prigent à la tête d'Elf en 1989, Sirven avait effectivement évoqué une « clé en or », c'est-à-dire un somptueux appartement. Le ministre était loin d'être à la rue, mais il avait une manie : il aimait collectionner les adresses, tout autant que les conquêtes. Habiter partout et nulle part. Il vivait comme un esthète nomade entre son bureau-garçonnière de l'île Saint-Louis, l'ancien atelier de Camille Claudel, et son hôtel particulier de la rue de Bièvre, ayant appartenu à la Brinvilliers, célèbre empoisonneuse du XVIIe siècle. Sans compter les refuges secrets dont ses amies, quand il en exprimait le désir, lui ouvraient volontiers les portes.

Il avait aussi besoin d'espace pour abriter son invraisemblable collection d'œuvres d'art, qui pourrait du reste justifier la création d'un musée.

Je transmis à Alfred le propos de Dumas : en pleine négociation du contrat Bravo, ce n'était pas le moment de contrarier le ministre des Affaires étrangères.

— Bon, je vois ! fit Sirven, un peu impatienté, en tirant sur son havane. Nous allons te faire une location-vente, comme nous l'avons fait pour « Lala » [le docteur Laurent Raillard, ami golfeur de Mitterrand]. Débrouille-toi pour trouver quelque chose à dix ou douze millions ! On le mettra à ton nom. En plus, ça pourra toujours servir pour organiser des dîners [l'appartement de la rue Robert-Estienne, où Elf m'hébergeait, avait aussi cette utilité professionnelle].

Je n'avais ni contacts dans l'immobilier ni surtout le temps de chercher un appartement. J'en parlai à Miara, qui avait un moment travaillé dans ce secteur. Je lui confiai que je cherchais quelque chose d'assez grand pour me « loger ». Il me demanda de quel budget je disposais. Je fus bien obligée de répondre. Comme mon train de vie n'avait rien d'extraordinaire, malgré tout ce qui a pu être dit, je n'eus rien à confesser : il avait tout deviné.

Miara me déconseilla vivement la formule de la location-vente que Dumas avait pourtant approuvée.

Il préconisa de faire plutôt virer la somme sur un compte suisse, puis de me servir d'un fiduciaire. Je n'avais aucune habitude de ces montages, pourtant courants dans les milieux d'affaires. Lui connaissait des gens. Il pouvait me les présenter. C'est ainsi que je rencontrai Carlo Pagani, qui devint le gérant des biens mis à mon nom.

Sirven accepta et porta même l'enveloppe à 14 millions qui me furent virés à la fin de l'hiver 1991.

Je fis part à Dumas de mes démarches et de ces résultats. Pour le faire un peu enrager, je laissai entendre un instant que l'appartement serait pour moi seule, juste pour voir sa tête.

J'étais à présent maîtresse du jeu et tout ce que je voulais, au fond, c'était que nous vivions ensemble. Je n'avais pas oublié non plus le dossier Bravo.

Il me fit alors une curieuse proposition qui n'allait pas du tout dans le sens d'une vie commune. Il s'agissait de me « vendre » son appartement du quai de Bourbon en viager « verbal ». Il continuerait à y demeurer, tandis que je lui verserais, peu à peu, chaque mois, en liquide, la totalité des 14 millions que j'avais reçus d'Elf. En échange, il me promettait de me coucher sur son testament en me léguant ledit appartement. Bref, il s'agissait de lui rétrocéder les fonds, purement et simplement.

Mi-déçue, mi-écœurée, après lui avoir dit que je le préférais vivant, je tournai les talons en haussant les épaules.

Coïncidence, sans doute : à partir de ce moment, nos liens, un peu distendus depuis que j'avais rencontré Miara, se resserrèrent. Les 14 millions dormaient en Suisse. Je recommençai de plus belle à travailler aux frégates.

À force, Dumas finit par céder. Il activa promptement ses services pour trouver une solution rapide. Je pouvais enfin rapporter de bonnes nouvelles à Alfred, qui était fou de bonheur. Il donna l'ordre à Kwan de précipiter les choses de son côté.

Si Dumas me fit part des propositions qu'il faisait à Pékin, je ne sus rien, sur le moment, de l'incroyable mystification grâce à laquelle

Courtisane ou intermédiaire de la France ?

Mitterrand changea de position en moins de quarante-huit heures.

Cette manigance aurait été mise au point par des industriels français de l'armement pressés d'en finir, des correspondants des services de renseignements un peu trop complaisants, et même des diplomates. Elle aurait largement facilité les choses à Dumas.

Comme on l'a vu, Mitterrand, pressé par son entourage, était volontiers disposé à donner son accord, mais il redoutait vraiment la réaction de la Chine.

Et il avait raison. Pour rien au monde, même pour quelques milliards, Pékin n'aurait accepté que Taïwan se dote d'armes aussi performantes. Car les frégates sont redoutables pour les avions et les submersibles chinois, et les Mirage 2000-5, capables, grâce aux missiles MICA, d'affronter en combat aérien plusieurs adversaires à la fois, pouvaient faire des ravages. Ce n'était peut-être pas assez pour éviter l'invasion de Taïwan, mais c'était suffisant pour qu'un éventuel conflit se durcisse et s'enlise, et pour empêcher que la communauté internationale ne se trouve un beau jour, suite à un *Blitzkrieg*, mise devant le fait accompli.

Non, les réticences ne venaient pas de Dumas, mais bien de Mitterrand lui-même. Pour le convaincre, il fallait quelque chose de sérieux. Au printemps de 1991, on trouva une solution. La solution !

Il semblerait qu'à cette époque, un rapport bénéficiant du plus haut degré de classification ait été porté à la connaissance du président de la République française. Selon ce document, des négociations occultes avaient été engagées entre Taïwan et les communistes, visant à rattacher pacifiquement et prochainement l'île dissidente à la Chine continentale. Évidemment, ni Pékin ni Taipeh ne pouvaient en faire état, mais la chose ne faisait aucun doute. Ainsi, selon cette étude, Pékin ne pouvait que se réjouir en secret de voir l'« ennemi » s'équiper des matériels les plus sophistiqués. C'était Taïwan qui allait payer les armes, mais sous peu, une fois l'île récupérée, elles reviendraient de plein droit à la Chine, enfin réconciliée pacifiquement, une et indivisible. Le grand frère aurait tendu la main au petit frère, et tout serait arrangé.

Ce document était censé provenir d'une source sûre puisqu'il avait été rédigé par l'un des correspondants de nos services de renseignements. Certains conseillers de l'Élysée montèrent l'affaire en épingle. Quelle raison François Mitterrand aurait-il eue de ne pas se laisser convaincre désormais ?

Le problème, c'est que si le rapport était bien vrai, en ce sens qu'il avait effectivement été rédigé par un agent français *a priori* fiable, le contenu en était parfaitement fantaisiste. L'espion s'était laissé manipuler par des personnes qui avaient le plus grand intérêt à la signature du contrat. Et du coup, lui-même avait intoxiqué tout le monde.

La supercherie une fois découverte, l'agent aurait été exclu des services, et fermement invité à aller se faire oublier le plus loin possible. Aux États-Unis, par exemple, où personne ne lui en voudra d'avoir semé la zizanie entre la France et la Chine.

Courtisane ou intermédiaire de la France ?

Le scandale fut étouffé tant bien que mal. Plutôt mal, parce qu'en Asie, des rumeurs persistent. On en ricane même encore ouvertement.

Le dossier fut représenté à la CIEEMG qui donna un avis favorable à l'exportation, le représentant du Quai étant toujours le seul à exprimer son désaccord.

Sirven me donna rendez-vous chez lui. Il me serra affectueusement dans ses bras. Nous avions gagné. J'avais gagné.

Hubert Le Blanc Bellevaux était là. Il me tendit une lettre, que je pris. J'attendis d'être sortie pour en examiner le contenu.

> Madame,
> Au cas où je viendrais à disparaître, je reconnais vous être redevable de la somme de 60 millions de francs.
>
> Alfred SIRVEN.

Si la lettre était signée, aucun nom de destinataire n'y figurait. Je la montrai à Gilbert Miara, qui était au courant de mes affaires depuis qu'il m'avait présenté Pagani. En lisant, il constata, comme j'avais pu le faire, qu'on m'avait remis un document évidemment sans aucune valeur juridique.

Il demanda à voir Sirven auquel, pour obtenir le rendez-vous, je présentai Miara comme un vieil ami d'enfance. Alfred était réticent. J'insistai.

C'est ainsi que les deux hommes se rencontrèrent pour la première fois. Sans que je ne lui aie rien demandé de précis, Miara batailla longuement pour que je bénéficie, dans un acte en bonne et due forme, de la moitié de la commission de 1 % prévue dans le contrat signé avec Thomson quelques mois plus tôt. Alfred finit par accepter, pour ne pas prendre le risque de faire échouer le contrat Bravo en dernière minute. Sans doute pensa-t-il que Miara était téléguidé par Dumas, ce qui était faux, car les deux hommes ne s'étaient jamais parlé. Cependant, Gilbert se donna sans doute de l'importance, du fait qu'il était bien informé de la situation. Je pense que de plus il aurait aimé me remplacer dans mon rôle d'agent de liaison entre Sirven et le Quai. Cela aurait été le meilleur moyen pour que je cesse de voir Dumas chaque jour, ce qu'il ne supportait pas. De ce fait, il apparut à Sirven comme un interlocuteur crédible. Les deux hommes commencèrent à sympathiser.

À l'issue de cet entretien, il fut convenu que nous serions désormais à parts égales de 0,5 %, Sirven et moi. Cet accord serait formalisé après que l'autorisation d'exporter aurait été confirmée par Matignon.

J'en informai bien entendu Dumas, qui fut ravi.

Pour la Chine, l'affaire fut menée rondement : en moins de deux mois. La visite à Paris, le 16 avril 1991, de Zhu Rongji, vice-Premier ministre de Pékin, était décisive. Alfred était dans un état d'excitation indescriptible. Comme je devais assister à l'entretien officiel, il m'avait même demandé de me munir d'un appareil photographique discret pour lui rapporter des clichés. Je pensais qu'il devenait fou.

Quelques jours plus tard, j'accompagnai Dumas à un dîner chez l'ambassadeur de Chine à Paris,

Courtisane ou intermédiaire de la France ?

Kai Fang Bo. Il fut convenu que nous partirions séance tenante à Pékin. Le dénouement était proche.

Nous sommes arrivés en Chine le 29 avril 1991. Le soir même, un dîner nous était offert à la villa Fang Fei Yuan par l'homologue chinois de Dumas, Qian Qichen. Je me suis même entretenue avec Shei Yan Fei, du département de l'Europe de l'Ouest des Affaires étrangères, et Kao Dong Chang, premier secrétaire du département consulaire de ce même ministère. Dumas avait pris d'importants rendez-vous pour le lendemain : avec Jiang Zemin, responsable du Parti, et le Premier ministre Li Peng.

À l'ordre du jour : l'aéroport de Sanya, dans l'île de Hainan, le métro de Canton, le doublement de la centrale nucléaire de Daya Bay, près de Hong Kong, le soutien français de la candidature de la Chine au GATT et de celle des deux Corée à l'ONU, une position bienveillante dans le dossier cambodgien, l'alignement des positions des deux pays au sujet du conflit israélo-arabe, la rencontre de Dumas et d'Arafat à Tripoli.

Pour faire passer la pilule des frégates, la France accorderait deux milliards d'aide économique à la Chine. Pour la forme, on livrerait les navires désarmés. Les Chinois feraient semblant d'être fâchés et fronceraient le sourcil, mais les yeux fermés.

Le lendemain, *Le Monde* titrait : « La position de la France sur les Droits de l'homme reste floue. »

Très floue, même ! Il n'était évidemment pas question d'en dire un mot. Le contrat Bravo était aussi à ce prix.

Au retour, ce fut l'euphorie chez Thomson. Je demandai à Dumas combien de temps il faudrait encore pour régler les dernières formalités. Il me répondit qu'il s'employait à faire monter Rocard et Cresson au créneau pour ne pas apparaître. Il serait bien le dernier à donner son accord. Interloquée, je lui demandai pourquoi. Il me répondit que nous étions trop liés, que je m'étais trop impliquée dans ce travail. Il souhaitait se préserver. Il craignait qu'on ne murmure que je l'avais influencé. Il prétendait ne pas vouloir prendre le risque qu'un jour on puisse, à travers moi, lui créer la moindre difficulté. Mais je ne suis pas sûre que c'était la seule raison de sa discrétion. Il savait que des sommes importantes allaient m'être versées. Sans doute avait-il déjà pris la décision de vivre avec moi désormais.

Le 15 mai 1991, Édith Cresson devint Premier ministre, en remplacement de Michel Rocard. Quelques jours plus tard, une réunion à Matignon avalisa la vente des frégates. Dumas fit savoir prudemment qu'une « autorisation de principe » pouvait être donnée, en dépit du risque d'une « réaction chinoise ». Le 6 juin, l'ambassadeur de Chine protesta mollement, et proposa de tenir des consultations pour trouver une « solution » définitive. Une délégation chinoise vint même secrètement à Paris à la fin du mois, accompagnée par le vice-ministre des Affaires étrangères Tian Zeng Pei, pour avaliser la « solution » d'une livraison de coques désarmées.

Entre-temps, Miara prit le chemin de Genève et du Liechtenstein, avec Sirven, Brunner, Pagani, et

Courtisane ou intermédiaire de la France ?

un représentant de Thomson. Une nouvelle structure fut créée : Brunner Sociedade Civil de Administracao Limitada, société écran de droit portugais. Elle se substitua à Frontier AG. Thomson reconnaissait à cette nouvelle structure l'ensemble des droits résultant du contrat. Maintenant, Dumas avait toutes les raisons de penser que la vente des frégates ne pouvait qu'aboutir. Il savait qu'Alfred s'était engagé à me verser 0,5 % du contrat. Pour s'assurer sans doute que ces intentions ne resteraient pas lettre morte, il s'arrangea pour le rencontrer à huit reprises, et à mon insu (je ne prendrai connaissance de ces rendez-vous que durant mon incarcération, au cours d'un interrogatoire), entre la fin mai et la fin août 1991. Une des réunions eut lieu le 3 juillet, à 18 h 15. Dumas avait expressément demandé à Loïk Le Floch-Prigent d'y assister, pour qu'il n'y ait pas de malentendu ultérieur.

Le lendemain, 4 juillet, un dispositif fut mis en place par Miara et Sirven pour que les fonds soient administrés par Pagani, au cas où ils me seraient versés, comme il était probable. De son côté, Sirven confirmait le même jour par un contrat signé entre lui-même et Brunner Sociedade le partage de la commission en deux parts égales. Je pesais désormais 94 millions. En effet, le contrat, prévu initialement pour une somme de 12 milliards pour les coques nues, était porté à 16 milliards du fait que les armements y figureraient. Je devais donc percevoir 80 millions (0,5 %). À cela s'ajoutaient les 14 millions déjà virés à mon compte pour l'appartement.

Opération Bravo

Le 5 juillet 1991, Dumas, qui avait maintenant la certitude de m'avoir garanti une dot importante, se précipita chez ma mère pour lui annoncer une bonne nouvelle : il avait décidé de m'épouser. Ma mère fut étonnée. Il lui déclara son intention de divorcer. Apparemment son épouse, Anne-Marie, en avait eu quelques échos. Elle s'était résignée avec dignité, comme toujours. Elle en avait vu d'autres. Plus que quelques mois pour arranger ses affaires, disait Dumas (il était marié sous le régime de la communauté), et il serait libre. En fait, pour prendre sa décision, et procéder à ces différents « arrangements », il attendait sûrement que la commission me soit versée.

Il me fit bien vite la même proposition de mariage, que j'acceptai. Il m'expliqua qu'au préalable il souhaitait acheter des appartements à chacun de ses enfants.

Je n'étais pas indifférente à l'argent. Personne ne refuse des sommes pareilles lorsqu'elles se trouvent à portée de main sans qu'on ait à renoncer à l'essentiel. Que ceux qui sont prêts à soutenir le contraire prennent bien le temps de plonger au fond d'eux-mêmes. Et alors, sincèrement, qu'ils se posent la question de savoir ce qu'ils auraient fait à ma place.

Sur le moment, je n'imaginai donc pas un seul instant qu'il puisse y avoir un quelconque rapport entre la décision de Dumas et le versement prochain de la commission des frégates. J'ai encore du mal à l'admettre aujourd'hui.

Je rompis aussitôt avec Gilbert Miara. S'il souffrit, il ne témoigna jamais de rancune. Il me

Courtisane ou intermédiaire de la France ?

demanda simplement de participer à une croisière de huit jours en Corse qu'il avait organisée depuis trois mois avec un ami pour la fin du mois d'août. Je ne pouvais pas le lui refuser.

Dumas ne me quitta plus. Du moins pendant quelques semaines. C'était déjà beaucoup. Je ne le regrette pas.

Le 8 juillet 1991, il indiqua à Mitterrand que la Chine ne poserait plus aucun problème.

Il s'était installé chez moi, rue Robert-Estienne, dans l'appartement que me prêtait Elf, quelques étages au-dessus de chez Alfred. Je croyais sincèrement qu'il resterait à mes côtés.

Le contrat des frégates fut signé le 12 août 1991, et classé Secret Défense.

Je dus partir en Corse comme je l'avais promis à Miara. Il m'avait aidé, et je ne pouvais me soustraire à cet engagement. Dumas le prit très mal. Je l'appelais dès que nous faisions escale dans un port. Il se persuada que mes relations avec Miara étaient restées étroites. C'est à ce moment-là qu'il commença à prendre ses distances. Puisque, dans son esprit, je n'avais pas rompu avec Gilbert, cela signifiait sans doute que je garderais l'argent qui allait m'être versé.

Le 27 août 1991, Dumas se rendit à Vilnius, puis à Weimar. L'idylle avait brusquement pris fin.

Après la signature du contrat Bravo, le nouvel ambassadeur à Pékin, Claude Martin, avait transmis une note dans laquelle était indiquée la « reconnaissance » du ministre chinois des Affaires étrangères, celui que nous avions rencontré. Sur

Opération Bravo

le document, Bernard Kessedjian, directeur de cabinet du Quai, avait ajouté une flagornerie manuscrite : « Encore un succès de la diplomatie dumassienne ! »

En toute modestie, Dumas la glissa à Mitterrand lors du Conseil des ministres de la rentrée.

6

Règlements de comptes

C'est seulement à la fin de septembre 1991 que le ministre des Affaires étrangères fit diffuser la nouvelle : le gouvernement français avait donné son accord au contrat Bravo.

Il était indiqué que les frégates seraient livrées sans armement. Même les Chinois savaient que c'était faux. Mais, grâce à la diplomatie « dumassienne », il n'y eut pas trop de vagues.

Tout le monde était content. Tout le monde sauf Pékin. Mais la position chinoise était des plus fragiles.

À six ans de la rétrocession de Hong Kong, il n'était pas question de provoquer une crise majeure avec la France. Seule la partie insulaire de la dépendance britannique devait être rendue aux communistes. Les « nouveaux territoires », qui constituent des zones frontalières avec la Chine, auraient pu rester légalement sous le protectorat de la Couronne, ce que Pékin ne voulait pas. Au moment de la rétrocession, on aurait besoin de la France pour qu'elle ne fasse pas bloc avec la

Opération Bravo

Grande-Bretagne et les États-Unis. Pékin fut obligé de fermer les yeux, en demandant juste la fermeture du consulat de Canton. Une protestation de pure forme.

En octobre 1991, une association « culturelle » très chic, France-Taïwan, vit le jour, au moment même où Thomson commençait à distribuer les bons points.

France-Taïwan fut un temps hébergée dans des locaux que la MNEF venait d'acquérir, puis dans les bureaux d'un grand ami de Le Guen : Pierre Moscovici, à l'époque trésorier du Parti socialiste et par la suite ministre des Affaires européennes.

À France-Taïwan, on retrouvait de nombreux responsables de la MNEF, mais également Jacques Cresson, époux d'Édith, Premier ministre, qui, sitôt entrée en fonctions, s'était empressée d'autoriser la vente.

Siégeait aussi au bureau de l'association un ami de François Mitterrand, Pierre Bergé, qu'on avait pourtant beaucoup vu à Pékin avec Yves Saint Laurent.

Le nom du conseiller d'Alain Gomez, Pierre Aigrain, sûrement plus féru d'électronique militaire que d'échanges culturels, apparaissait de même.

Tous ces gens se bousculèrent pour retrouver Alain Gomez au pince-fesses organisé par l'ambassade officieuse de Taïwan à Paris, à l'occasion de la signature du contrat Bravo.

Beaucoup d'entre eux ont pris depuis leurs distances par rapport à cette période, de peur d'être éclaboussés par le scandale des rétrocommissions. Même s'ils ont osé dire, sans gêne aucune, que le but réel de l'association était de promouvoir la démocratie à Formose, aucun ne saurait pour autant nier qu'à l'époque ils prétendaient dépenser leur énergie sans compter pour appuyer les marchands de canons français.

Alfred m'a toujours indiqué que nombreux étaient ceux qui œuvraient dans le même sens que le réseau Elf. Même s'il s'agissait d'ouvriers de la onzième heure, les bonnes volontés ne se refusaient pas.

Ce qui est étrange, c'est qu'apparaissent dans l'opération Bravo, à travers des hommes politiques, des organismes tels qu'une mutuelle étudiante qu'il est *a priori* choquant de voir mêlée au marché de l'armement. Je ne sais ce que peuvent en penser les potaches désargentés qui versent chaque année leur cotisation à la MNEF, au moment de leurs inscriptions.

Cet engouement soudain pour la petite île, venant de personnes qui ne s'étaient jamais intéressées aux problèmes asiatiques, à une période où des commissions ont été versées, a tout de même de quoi laisser perplexe.

En application de la convention signée l'année précédente, le fiduciaire Brunner adressa le 25 novembre 1991 un courrier à Thomson, dans lequel il réclamait le paiement de la commission de 1 % prévue sur le marché : 120 millions pour les coques, augmentés de 40 millions pour le matériel de guerre proprement dit, car en fin de compte, contrairement aux engagements pris officiellement par Dumas et aux déclarations du porte-parole du Quai, les navires furent bel et bien vendus, comme on pouvait s'y attendre, avec l'armement et l'électronique qui les rendaient opérationnels.

Des dispositions étaient cependant prévues pour que les frégates ne soient pas équipées en France. Ce qui n'était pas censé avoir été exporté ne serait installé sur les navires qu'à Formose, après avoir transité le plus discrètement possible, par les voies les plus détournées.

À priori, il ne devait y avoir aucun problème pour verser rapidement au réseau Elf sa commission. Les trois conditions exigées pour que Thomson exécute ses engagements étaient en effet parfaitement remplies.

La première était une condition de temps : le contrat devait être signé avant le mois de juillet 1992. Or, l'opération Bravo s'était favorablement achevée en juillet 1991.

La deuxième était une obligation de résultat. Or, l'affaire était conclue et Thomson allait être payé par Taïwan.

La troisième condition supposait que le réseau ait effectivement œuvré pour concourir à ce résultat. Or, nous avions travaillé pendant un an sans ménager aucun effort pour que l'affaire aboutisse, et Thomson le savait.

Le témoignage d'un des collaborateurs d'Alain Gomez et de Jean-François Briand, Alain Fribourg, directeur de Thomson pour l'Asie, sera, par la suite, sans ambiguïté à cet égard.

Règlements de comptes

Au moment où j'étais incarcérée, il déclarait en effet : « J'ai appris par M. Jallabert qu'il avait mis en contact M. Barrabès avec M. Sirven, et vraisemblablement Mme Joncour. Dès 1990-1991 [...] je savais qu'il y avait un [...] réseau qui était Elf-Aquitaine. M. Briand n'en faisait état que par allusions. J'avais l'impression qu'ils avaient des informations sur la position du Quai. [...] Le [...] réseau Elf touchait 100 à 120 millions. Cette rémunération a dû être fixée avec M. Briand. M. Briand dépendait directement de M. Gomez. »

Ce témoignage appelle au moins trois remarques.

D'abord, selon Alain Fribourg, Jean-François Briand, directeur général de Thomson-CSF depuis 1987, et par ailleurs P-DG de Thomson International depuis 1990, est présenté comme le plus proche collaborateur d'Alain Gomez.

La chasse gardée de Gomez chez Thomson a toujours été les affaires internationales et les relations avec le monde politique. De ce fait, aucun dossier traité par Briand ne pouvait échapper à Gomez, et surtout pas celui-là.

D'autre part, Alain Fribourg indique qu'il était lui-même parfaitement conscient, à l'époque même de la négociation du contrat Bravo, de l'intervention du réseau Elf.

Enfin, il affirme avoir eu également connaissance, et d'une manière assez précise, de la rémunération convenue, ce qui indique au moins que le montant de cette rémunération devait figurer dans les dossiers financiers de Thomson et qu'il était prévu de la verser.

Comment peut-on imaginer un seul instant, à la lecture de ce témoignage, que les collaborateurs de Briand (Fribourg, mais aussi Jallabert et Barrabès, qui sont cités) aient été informés de l'essentiel de l'opération Bravo, qu'ils aient su que j'y participais, qu'ils aient été avertis de ce qui serait versé au réseau Elf, tandis que le seul à n'être au courant de rien aurait été le patron de l'entreprise ?

Non, rien ne pouvait laisser présager un conflit. À la fin du printemps 1991, c'est-à-dire quelques mois seulement avant la signature du contrat Bravo, un représentant d'Alain Gomez n'était-il pas venu en Suisse et au Liechtenstein pour valider mon association avec Sirven, et constater la transformation de Frontier AG en Brunner Sociedade ? Le contrat avec Frontier AG avait en effet été passé *intuitu personae*. Il ne pouvait être transféré à un tiers (Brunner Sociedade en l'occurrence) sans l'accord préalable et écrit de Thomson. Cela signifie qu'en juin 1991 Thomson avait donné cet accord. On imagine mal que tel aurait été le cas si aucun travail réel n'avait été fait entre juillet 1990 et juin 1991 !

Fribourg indique d'ailleurs sans ambages que Briand faisait état, à mots couverts, d'informations sur la position du Quai d'Orsay, qui ne pouvaient venir que de moi. Il est donc certain que jusqu'à la signature du contrat, la réalité de notre travail, et en particulier du mien, n'a jamais été mise en doute.

Pourtant Thomson, et plus précisément Alain Gomez en personne, opposa le 4 décembre 1991 une fin de non-recevoir brutale à la lettre de Brunner. Il refusait catégoriquement de payer, sous le prétexte que le réseau Elf n'aurait fourni « aucune prestation particulière susceptible de lui ouvrir droit à une quelconque rémunération ».

Deux mois plus tôt, Jean-François Briand avait quitté la direction générale de Thomson CSF. On a dit qu'il avait été mis à la porte du groupe. La réalité est un peu plus complexe, puisque s'il a bien quitté ses fonctions de directeur général, il semble être resté, au moins en titre, président de Thomson International jusqu'à la fin de 1993, date à laquelle il est deviendra « conseil international en entreprise ».

Alain Gomez donnera plus tard sa version. Il n'aurait appris la signature du contrat Bravo qu'au moins d'octobre 1991, au moment du départ de Briand de la direction générale du groupe.

Il n'aurait obtenu des confidences de son adjoint que lorsque ce dernier négociait les conditions de son licenciement. Jusque-là, il n'aurait absolument pas été informé de la convention signée entre Thomson et Frontier AG-Brunner.

Ainsi Briand aurait-il fait des cachotteries. Alain Gomez aurait même été obligé d'ordonner une enquête interne pour en savoir plus. Cette enquête aurait donné lieu à un document qui n'a pas été produit et qui serait archivé chez Thomson.

Quant à l'intervention du réseau Elf, non seulement Alain Gomez prétendra ne pas en avoir entendu parler, mais il en niera purement et simplement la réalité.

Il lui sera évidemment difficile de ne pas reconnaître l'existence formelle et la force juridique du contrat paraphé par ses subordonnés – en l'occurrence, Alain Thétard – qu'il ne saurait raisonnablement tous désavouer.

Mais on ne semble pas avoir hésité à propager, à l'intérieur de l'entreprise, à la fin de l'année 1991, une rumeur selon laquelle Briand aurait été « dépressif » à l'époque de la signature de la convention.

Imaginons un instant que Briand n'ait pas informé son supérieur direct de ce qu'il faisait. Ce n'aurait pu être que pour une seule raison, hormis l'hypothèse de cette « dépression » qui aurait tout de même duré près de deux ans : c'est qu'il aurait eu des intérêts personnels dans le contrat. Or tel n'est pas le cas, autant que je sache.

Par ailleurs, si Briand, même « dépressif », n'avait parlé de rien à Gomez pendant cette longue période, alors qu'on peut tout de même supposer qu'en tant que directeur général il avait des relations suivies avec son président, les motifs qui l'auraient poussé à faire des révélations tardives à Gomez lors de son licenciement ne sont pas évidents. Qu'avait-il à y gagner ? Si les choses étaient telles que Gomez les a présentées, Briand n'avait rien à monnayer, donc aucun intérêt à parler.

Il y a tout lieu de penser qu'en fait les choses se sont passées tout autrement.

Les raisons pour lesquelles Jean-François Briand a été évincé de la direction générale sont toujours restées obscures.

Règlements de comptes

L'une des explications les plus vraisemblables qui aient circulé dans les couloirs de Thomson évoque les ambitions du directeur général. Comme il se serait bien vu occuper le fauteuil de son patron, il aurait tenté un coup de force, avec l'aide de politiques, pour prendre le pouvoir. Alain Gomez l'aurait su et se serait immédiatement séparé du conspirateur.

Il est loin d'être inimaginable que, pour tenter de déstabiliser Gomez, Briand se soit servi d'informations explosives qu'il détenait au sujet du dossier Bravo et de l'arrosage politique sans précédent qui avait suivi sa signature. Dans ce cas, la signification des tractations entre Gomez et Briand au moment du licenciement serait différente.

Briand a probablement su adroitement tirer son épingle du jeu. La preuve en est qu'en réalité il n'a pas quitté le groupe Thomson. Cet arrangement laisserait plutôt penser que Gomez, au lieu de laisser partir dans la nature un homme qui en savait trop, aura préféré lui laisser quelques prérogatives.

C'est sûrement pour cela que Briand, à partir d'octobre 1991, semble avoir perdu la mémoire. Les déclarations confuses qu'il a pu faire par la suite sur les circonstances de la signature du contrat avec Frontier AG-Brunner, sa découverte tardive de l'« escroquerie » de Sirven en attestent.

Tout laisse donc penser que Gomez était parfaitement informé de tous les détails depuis le début, mais qu'à partir de la rentrée 1991, le dossier Bravo est devenu un sujet tabou à la tour Thomson.

Opération Bravo

Ceux qui avaient participé au déjeuner du printemps de 1990 ont été priés d'oublier ce qu'ils avaient vu et entendu. Et les nouveaux venus n'ont sûrement pas disposé de tous les éléments nécessaires pour se forger une opinion. Tel semble avoir été le cas pour Jean-Paul Perrier, cadre de Thomson International, qui venait de récupérer le dossier lorsque Marcel Soroquère, conseil de Brunner, lui téléphona, après le départ de Briand, pour essayer d'arranger la situation et de comprendre au moins ce qui se passait.

Perrier, manifestement désinformé, n'était sûr que d'une seule chose, c'est que Thomson avait déjà payé. Et de fortes sommes. Cette gaffe énorme, et la « réorganisation » du département des affaires internationales de Thomson qui suivit la mise à l'écart du directeur général, en disent assez long sur la panique que le versement des gigantesques commissions liées au dossier Bravo avait pu semer dans l'entreprise.

Gomez choisit d'attaquer sous l'angle évidemment le plus faible : nier la réalité du travail accompli. Il est difficile, en effet, pour un réseau de lobbying, d'apporter les preuves d'une activité qui se pratique par définition dans l'ombre. C'est plutôt délicat d'amener des gens à reconnaître qu'ils ont été influencés. Gomez aurait voulu être de mauvaise foi qu'il ne s'y serait pas pris autrement.

Et du reste, comment le contrat de juillet 1990 définissait-il donc le travail demandé au réseau ?

« Vous nous tiendrez régulièrement informés des conditions dans lesquelles se présentera cette affaire sous ses différents aspects : opérationnel, financier, technique et commercial. À notre demande, vous aurez à nous apporter votre concours dans les négociations que nous aurons à conduire. »

Un texte très vague, qui ne laisse guère de possibilité aux membres du réseau d'apporter des preuves au sens juridique classique.

Interrogé le 8 décembre 1997 par les magistrats, Gomez reconnaîtra la réalité du déjeuner de 1990, en précisant toutefois qu'il aurait été organisé à la demande d'Alfred, et que c'est moi qui aurais proposé mon intervention pour aider Thomson. Selon lui, j'aurais déclaré pouvoir « faire quelque chose pour Thomson pour diminuer la résistance chinoise ». Il soutient que j'aurais demandé à rencontrer un responsable de la communication du groupe, Jean-Pierre Mercier, pour que la rémunération de mon intervention soit versée à ma société Kairos. Il prétend se fonder sur les dires de Briand, qui, avant son éviction de la direction générale, soupçonnant un « financement politique » aurait déclaré à ses collaborateurs : « Ne payez pas, jusqu'à plus ample informé. »

Briand aurait indiqué par ailleurs à Gomez : « Cette affaire m'a l'air bidon. Je n'ai pas l'impression qu'il y ait eu vraiment de travail fait. J'ai bloqué l'exécution du contrat. »

Face à un absent et à une amoureuse emprisonnée qui se sabordait pour défendre un homme, Thomson avait la partie belle. C'est sur ce terreau que l'affaire Elf a germé. Il y avait sûrement beaucoup à dire sur Elf, mais ce n'était pas nouveau.

L'affaire Thomson a été réduite à celle des frégates. L'affaire des frégates à l'affaire Elf. L'affaire Elf à l'affaire Dumas. L'affaire Dumas à Christine Deviers-Joncour. Un bel exercice de manipulation médiatique qui ne s'est certainement pas opéré tout seul.

Lorsqu'il apprit que Gomez refusait de payer, Sirven entra, comme il se devait, dans une colère épouvantable. Il tenta d'appeler ses contacts de la tour Thomson, mais tout le monde se dérobait. C'était donc la guerre.

Thomson n'imaginait pas que le réseau Elf allait contre-attaquer, en demandant à la Justice de faire respecter les clauses financières du contrat.

Après la réponse de Thomson, Sirven avait déjà contacté ses avocats, Marcel Soroquère et Jean-Pierre Karsenty. Si Gomez restait sur ses positions, les choses allaient vraiment se gâter. Sirven n'hésiterait pas, s'il le fallait, à aller devant un tribunal arbitral, comme il était prévu dans la convention, en cas de difficultés.

L'arbitrage est une pratique courante dans le monde des affaires. De nombreux contrats prévoient que, pour régler tout litige, une autorité privée, constituée par les parties, pourra trancher, et que la décision aura l'autorité de la chose jugée.

Dans ce cas, les parties désignent plusieurs arbitres parmi des personnalités de leur choix.

La réunion de ces arbitres compose le tribunal arbitral qui, avant de rendre sa décision, peut, comme les juridictions de droit commun, procéder à des actes d'instruction et auditionner des témoins.

Règlements de comptes

Les débats sont contradictoires, et la décision finale s'impose aux parties comme aux tiers. Cette décision peut être immédiatement exécutoire, à charge d'appel.

L'intérêt de l'arbitrage est de vider discrètement les querelles, sans avoir recours aux procédures ordinaires, trop voyantes pour les affaires confidentielles. Cependant, c'est une action judiciaire coûteuse, car en plus des honoraires d'avocats liés à tout procès, les honoraires des arbitres et leurs frais sont à la charge des parties. Le recours à l'arbitrage suppose donc un enjeu financier important.

Lorsque Alfred m'a fait part de sa volonté de porter l'affaire en justice, j'ai commencé à m'affoler. Dans la mesure où j'avais travaillé pendant un an sur le dossier, je serais inévitablement appelée à témoigner. Ma relation privée avec Dumas, sur laquelle Thomson n'aurait pas manqué de construire sa défense, me mettait dans une situation embarrassante. Je partageais l'amertume de Sirven, mais je préférais perdre le bénéfice des prérogatives qu'il m'avait accordées plutôt que d'être entraînée dans une procédure qui, selon moi, n'aboutirait à rien.

Ces menaces, que je répercutai à Dumas, lui firent beaucoup d'effet. Il ne souhaitait pas que l'affaire devienne conflictuelle, tant en raison de ses probables engagements vis-à-vis de Thomson qu'à cause des liens qu'il entretenait encore avec moi. Il redoutait les risques d'amalgame que ce procès pourrait causer.

À partir de l'automne 1991, mes relations privées avec le ministre devinrent plus irrégulières. Pendant un temps, nous ne fûmes plus guère liés que par le travail que j'accomplissais pour Elf, et par une étrange complicité.

J'eus ainsi tout loisir de revoir plus fréquemment et plus librement Gilbert Miara. Je n'avais pas oublié le projet d'acquisition immobilière auquel les 14 millions qui m'avaient été versés au début de l'année devaient servir.

Il fallait que je m'acquitte de la tâche qu'Alfred m'avait confiée pour faire plaisir à Dumas. Miara était censé m'aider dans mes recherches, mais après notre rupture de l'été, il ne s'était plus occupé de rien.

Il me fit vite comprendre qu'il souhaitait que notre histoire reprenne. Pour que nous puissions cohabiter, il envisagea de louer un appartement. Celui de la rue Robert-Estienne n'était pas très commode, et le voisinage d'Alfred n'était guère propice à l'intimité.

Tout en recherchant un appartement à louer pour nous, Gilbert Miara commença à m'aider pour celui de Dumas, lequel suivait les choses de loin, et me laissait faire, comme à son habitude.

Je fis évidemment part à Miara des difficultés rencontrées avec Thomson et de ma crainte de voir Alfred engager une action judiciaire.

Une nouvelle fois, il me proposa de se rapprocher de Sirven.

Les deux hommes ne s'étaient pratiquement plus revus depuis la création de Brunner. Une relation de confiance mutuelle s'était pourtant établie entre eux. Miara s'était bien débrouillé. De plus, il s'était montré honnête : une qualité appréciable pour Sirven qui n'avait guère, dans ses fonctions, l'occasion de côtoyer des gens sinon complètement désintéressés – Gilbert ne l'était pas plus que moi – du moins scrupuleux.

Pour éviter toute ambiguïté, j'avais proposé à Miara un dédommagement s'il arrivait à démêler ce dossier. Il avait d'abord refusé, mais je lui avais dit que son intervention ne pouvait être à mes yeux qu'assortie de cette condition.

Il avait éludé la question : nous en reparlerions plus tard.

Miara discuta longuement avec Alfred, que j'avais déjà sensibilisé à mes arguments. Je ne voulais pas être mêlée à la bataille ? Sirven suggéra que je me retire purement et simplement.

Comme il trouvait Miara sympathique, il lui proposa de prendre ma place. La valeur de mes droits, si Thomson finissait par payer, était de 80 millions. Compte tenu de l'incertitude des procédures, les deux hommes diminuèrent ce chiffre de 25 %, et convinrent d'un remboursement forfaitaire de 60 millions.

Sirven, de son côté, n'avait aucune intention d'utiliser toute son énergie et tout son temps à guerroyer contre Thomson. Il savait que ce serait long, et fort risqué. Il suggéra un marché : il prendrait en charge 50 % de mon indemnité de départ, soit 30 millions, moyennant quoi Miara s'occuperait seul de tout l'aspect juridique et administratif de la procédure, en assumant une partie des frais.

Miara avait peu d'argent. Sa dernière affaire, une société de production de cinéma, ne lui avait pas laissé de quoi investir. Il le confia franchement à Sirven qui accepta que la mise de fonds de Miara puisse être finalement réduite. Sirven me verserait 45 millions, et Miara de son côté 15, soit un total de 60 millions.

En fait, Miara ne disposait d'aucune trésorerie, mais comme la proposition de Sirven l'intéressait, et qu'il ne voulait pas avouer qu'il était démuni, il accepta.

Quant Gilbert me fit part de ce marché, je proposai de lui faire crédit des 15 millions qu'il devait me régler. Il me rembourserait plus tard, si l'argent dû par Thomson était versé.

Miara avait d'autre part à supporter sa part d'intendance procédurale. Les honoraires des arbitres et des avocats s'élèveraient à plusieurs millions. Je lui proposai d'avancer 30 % de ce que Sirven allait me donner, soit 13,5 millions. Ils me seraient remboursés dans les mêmes conditions que le reste.

Ces accords resteraient entre nous. Sirven n'avait pas à en être informé.

Miara hésitait. Je le persuadai d'acquiescer en lui rappelant que s'il n'avait pas pris ce dossier en main, je n'aurais probablement jamais été associée à Sirven, et que sans une nouvelle intervention de sa part, la récupération de la créance du réseau Elf me semblait compromise. Je n'avais donc rien à perdre. Il finit par dire oui.

Le 15 mars 1992, en contrepartie de mon retrait, Sirven versa effectivement les 45 millions prévus,

Règlements de comptes

sur un compte Paribas ouvert à Genève au nom de Gilbert Miara auquel je laissais, comme convenu, 30 % de la somme.

Gilbert fit à son tour un virement de 31,5 millions à Lugano au profit de Carlo Pagani, mon fiduciaire.

Il me resta donc, comme je l'ai dit, 31,5 millions. Miara restant redevable des 28,5 millions que je lui avais avancés.

Avant que les fonds ne me soient expédiés, Alfred avait laissé entendre qu'il les prélèverait sur ses avoirs personnels. J'ignorais qu'Elf avait accepté de se substituer à Thomson, en attendant la fin de la procédure.

Le virement fut effectué à partir du Luxembourg, sur ordre de Sirven, et avec l'autorisation de Le Floch, par une filiale financière d'Elf, Rivunion SA.

C'est ce qui m'a valu tous les ennuis que j'ai connus par la suite, puisque lors de mon instruction, les circuits financiers ayant été reconstitués par le juge suisse Paul Perraudin, les enquêteurs français, sans tenir compte des circonstances dans lesquelles la somme m'avait été allouée, n'ont retenu qu'une chose : j'avais reçu 45 millions d'Elf, et Miara avait récupéré une partie de ces fonds. C'était un abus de biens sociaux. Tel fut en tout cas le prétexte pour nous incarcérer, Miara et moi.

La vraie raison était de nous pousser à avouer que cet argent était pour Dumas.

Le système judiciaire permet aux juges d'utiliser la détention provisoire comme un moyen de pression psychologique. Une forme de torture comme une autre, mais légale. L'état de promiscuité où se trouvent les détenus, la misère matérielle et morale qui règne dans les prisons surpeuplées de la France, où se trouvent indistinctement mêlés ceux qu'on essaie de faire parler et ceux qui sont déjà condamnés, brisent généralement en quelques jours les volontés les plus farouches. Je comprends que les juges, faute de moyens suffisants d'investigation, et quelquefois convaincus de la culpabilité de ceux qu'ils font écrouer, usent et abusent de ce procédé.

Ce que je ne comprends pas, c'est l'état lamentable de nos prisons, que rien ne justifie. Quels que soient ses fautes ou ses crimes, chaque être humain a droit au respect et aux soins.

Personne, aujourd'hui, n'est à l'abri d'une expérience carcérale, et surtout pas les ministres. C'est d'ailleurs une bonne chose, car si les portes des maisons d'arrêt ne se refermaient pas, de temps à autre, sur ceux qui ne se sont jamais attendus à être enfermés, peut-être n'entendrait-on jamais parler de ce qui s'y passe.

Alors, avant de réformer les procédures de détention provisoire, il serait sans doute bon de penser à ceux qui sont surveillés et punis. Que les ministres se préoccupent donc en urgence de la salubrité des maisons d'arrêt, car cela peut aussi les concerner.

Non, je n'ai pas honte d'être allée en prison. Lorsque je repense aux regards brisés des compagnes d'infortune que j'ai abandonnées aux fers de la République, j'éprouve plutôt une sorte de gêne d'en être sortie.

Règlements de comptes

Les juges français ne voulaient pas admettre le principe, pourtant banal, d'une commission sur un marché d'armement, ni celui d'un engagement financier d'Elf en ma faveur, eu égard aux services que j'avais rendus. Je ne doute pas que si l'on faisait le total de ce que j'ai rapporté à la compagnie pétrolière et qu'on en retranche ce qu'elle m'a payé, on s'apercevrait qu'elle est largement gagnante, et que j'ai, de manière significative, contribué à l'amélioration de ses comptes de résultats. Mais cette logique-là n'est qu'une logique d'affaires, que certains fonctionnaires, qui ont souvent un rapport difficile avec l'argent, ont bien du mal à admettre.

On a beaucoup critiqué Loïk Le Floch-Prigent, qui avait le malheur de n'être pas coulé dans le moule des petits marquis bavards et prétentieux qui nous gouvernent. Mais si l'on regarde les chiffres, une évidence s'impose : c'était un bon chef d'entreprise.

Pour le remercier, on lui a passé les bracelets. Qu'on médite sur cet exemple ! À force de mettre les entrepreneurs en prison, on pourrait arriver à de dangereuses extrémités.

Je ne pense pas qu'Alfred, en se servant des fonds d'Elf, ait voulu *a priori* nous jouer un mauvais tour. Toujours est-il que la plainte déposée par le nouveau P-DG d'Elf, Philippe Jaffré, pour recel d'abus de biens sociaux, conjuguée à la plainte déposée par Thomson pour tentative d'escroquerie, me mit dans une situation judiciaire très difficile. Il était impossible de m'expliquer dans l'affaire

Elf sans m'appuyer sur le dossier Bravo. Or, les magistrats, ayant l'intime conviction de la malhonnêteté de Dumas, et ne voulant pas prendre le risque de le voir échapper aux procédures de droit commun pour être renvoyé devant la Cour de justice de la République, ont scindé artificiellement le dossier en deux parties : Elf d'une part, et les frégates de l'autre, ce qui ne facilitait ni ma défense, ni la compréhension de l'affaire par le grand public.

L'hypothèse qui a justifié dans un premier temps la logique de l'instruction, de manière un peu simpliste à mon goût, était qu'en réalité j'avais servi de prête-nom à Dumas pour un détournement à son profit de fonds appartenant à Elf.

Mais les contours de la vérité sont loin d'être aussi nets. J'ai franchement l'impression que tout le monde a été dépassé.

Que Dumas soit déloyal, beaucoup de gens le pensent. Qu'il ait considéré dès le départ que je pouvais être un instrument, un prête-nom, une porteuse de valises, j'en suis aujourd'hui convaincue.

Les péripéties de nos relations ont vite embrouillé la trame de l'histoire. Toute l'équivoque de cette affaire, c'est que je n'ai pas donné d'argent à Dumas, alors que certains magistrats se doutent qu'il a tout fait pour cela.

Son obsession de l'argent peut effectivement leur faire penser qu'il en a reçu. Le problème, c'est qu'en cheminant dans l'obscur labyrinthe qui conduit à le démontrer, la Justice risque de ne pas rencontrer que Dumas, mais plusieurs générations politiques qui se sont servi des mêmes filières, et qui s'en servent encore.

Si je parle des relations de Dumas avec l'argent, c'est parce que c'est lui que j'ai bien connu, et pas un autre. Mais il faut bien se rendre compte que c'est tout un système qui se trouve à la dérive.

On a trop vite pensé qu'il s'agissait juste d'une affaire à sensation un peu spectaculaire qui n'aurait de conséquences que pour les intéressés : un ministre, en relation avec un « affairiste », utilisait sa maîtresse pour faire fortune. On mettait deux ou trois personnes en prison, et le tour était joué. Tout le monde pouvait dormir tranquille. La République n'avait pas besoin de se remettre en cause. Le système pouvait continuer à fonctionner comme si rien ne s'était passé.

Mais on découvrit brutalement une face cachée de la politique française : les financements occultes et les pots-de-vin sur les marchés d'armement. On refuse encore de l'admettre, mais il faudra bien un jour se rendre à l'évidence.

Tout le problème est de savoir si la Justice veut vraiment aller jusqu'au bout, si elle aura les moyens de le faire, et s'il n'y a pas de risque qu'elle outrepasse le rôle qui lui est assigné.

7

Rue de Lille

Au printemps 1992, je repris plus sérieusement mes recherches immobilières pour Dumas et moi. Une petite annonce dans les pages du *Figaro* indiquait qu'il y avait un très bel appartement dans le septième arrondissement de Paris, rue de Lille. Après l'avoir visité, j'eus un coup de cœur, et je décidai de l'acheter.

Le prix était de dix-huit millions. Plus de 50 000 F le mètre carré. Très cher, mais exceptionnel. Pas de luxe inutile, juste de très beaux volumes, propices aux réceptions.

Alfred m'avait demandé de quitter l'immeuble de la rue Robert-Estienne où Elf m'hébergeait. Le nouvel appartement servirait à organiser mes dîners professionnels.

Je fis aussitôt mon rapport. Dumas vint discrètement examiner les lieux, sans toutefois y pénétrer

Miara pensa un moment réaliser l'acquisition par le truchement d'une société écran « offshore », mais pour des raisons fiscales la formule transparente d'une société civile française fut préférée. C'était cependant plus risqué, comme la suite l'a démontré.

Avec 30 % des parts, je devenais gérante de cette SCI. Pagani, mon fiduciaire, accepta de figurer dans la société à hauteur de 70 %.

On me remit les clés au mois d'avril 1992. Miara, qui avait mauvaise conscience après que je lui eus prêté 13,5 millions, décida de prendre les réparations de première nécessité à sa charge. Le ministre fit une visite éclair sur le chantier, accompagné d'un membre de son cabinet. Il admira nos 347 mètres carrés.

— Nous serons vraiment très bien ici pour travailler ! me lança-t-il.

Dumas n'était pas choqué que mon ami Miara prenne à sa charge les travaux. Il était d'ailleurs parfaitement au courant de notre arrangement, et de la création de la SCI.

— C'est très bien qu'il s'occupe de ça ! Lorsqu'il aura fini, nous nous installerons.

Je pense aujourd'hui qu'il voulait tout simplement qu'une fois les travaux achevés je lui laisse un double de mes clés.

Mais je n'avais toujours pas renoncé à l'espoir de vivre avec lui.

Miara n'avait rien trouvé à louer. Alors, nous nous installâmes, Gilbert et moi. Du moins pendant quelques mois, avant de nous séparer définitivement. Dumas était entre nous deux. S'il n'habitait pas rue de Lille, son ombre hantait pourtant les lieux.

Je restai donc seule dans ce grand appartement, et j'y attendis longtemps Roland. S'il ne vint jamais y vivre, il y passait souvent. Il s'y sentait chez lui. C'était pour lui un bon compromis : un refuge de plus, avec une femme qui l'attendait et gardait la maison.

À qui appartenait vraiment la rue de Lille ? À moi ? À Roland ? À Elf ? La question ne fut jamais clairement évoquée. Le fameux « non-dit » mitterrandien. Rue de Lille, c'était chez nous. Mais comme il n'y avait pas de nous, et comme Elf m'en avait fait le responsable juridique, c'était chez personne.

J'organisais des dîners où Roland pouvait rencontrer discrètement des gens que ses fonctions ministérielles ne lui permettaient pas de voir en public.

Ainsi Charles Pasqua, qui fut un des premiers invités, alors qu'il n'y avait pas encore de meubles.

Ce premier dîner ne fut qu'un pique-nique sur des caisses de bois. Pasqua, qui avait sans doute ses informations, chuchota malicieusement, après que Dumas lui eut fait faire le tour du propriétaire :

– Magnifique endroit ! Ce n'est pas moi qui aurais les moyens de me l'offrir !

– Moi non plus ! se défendit Dumas avec aplomb.

Alain Gomez avait donc, avec la bénédiction probable de Dumas, tiré un trait sur le réseau qui l'avait pourtant aidé à conclure le premier volet du marché. Mais la seconde manche n'était pas jouée.

Le dossier Bravo était clos. Restait à ouvrir le dossier Tango. L'intérêt n'en était pas négligeable.

Opération Bravo

Après un contrat de 16 milliards sur les frégates, un second, de 22 milliards, se profilait. Avec 60 Mirage 2005-5 de Dassault et 1 000 missiles MICA de Matra.

Thomson comptait encore sur Dumas pour l'aider, en espérant qu'il userait d'autant d'adresse que pour l'opération Bravo. Mais bien vite le ministre fit la sourde oreille. Gomez avait beau solliciter le Quai pour obtenir un rendez-vous, il était systématiquement éconduit.

La situation devenait critique pour Thomson, car il n'était plus question, désormais, de recourir à l'aide d'Elf. Et il n'était pas décemment possible non plus de s'adresser à moi pour rouvrir les portes du ministère des Affaires étrangères.

On peut penser que Dumas en voulait à Thomson d'avoir joué un mauvais tour au réseau Elf.

On peut tout aussi bien imaginer que Dumas voulait faire sentir à Gomez à quel point il était devenu incontournable.

Thomson avait perdu quelques appuis. Pierre Bérégovoy venait de remplacer Édith Cresson à Matignon, et Jean-Pierre Chevènement avait quitté son poste de ministre de la Défense.

Lorsque Gomez tirait les sonnettes de l'Élysée, on lui faisait immanquablement savoir qu'il fallait voir avec le ministère des Affaires étrangères. À qui s'adresser désormais pour contacter Dumas ?

Gomez pensa à un autre intermédiaire qui pouvait approcher facilement le ministre : Jean-Pierre François, résident genevois, ancien banquier, ami d'enfance de Roland Dumas, et intime du Prince.

Rue de Lille

Jean-Pierre François, le Zorro de la finance, comme on a pu le voir avec la dette Eurodif.

Il a lui-même expliqué [1] qu'il avait accepté un rendez-vous demandé en urgence par Alain Gomez, non sans en avoir probablement informé l'ami Roland.

À moins... que ce ne soit François qui ait appelé Gomez.

Toujours est-il que les deux hommes se rencontrèrent à Paris en avril 1992, dans les locaux d'Altus Finance, avenue de Friedland.

Selon Jean-Pierre François, Gomez voulait avoir un avis sur un dossier qui le préoccupait. C'était naturellement le problème de la commission réclamée par Brunner. Gomez aurait dit que le bénéficiaire était l'amie du ministre des Affaires étrangères. Une « fille de Limoges ». François aurait conseillé à Gomez de ne pas payer s'il estimait ne pas avoir à le faire.

Si cette conversation a vraiment eu lieu en ces termes, on peut se demander pourquoi Gomez avait jugé utile de demander conseil au meilleur ami de Dumas sur l'opportunité de régler ou non la commission, alors qu'il avait déjà tranché la question en refusant de payer depuis quatre mois.

La raison me semble évidente. Gomez, n'ayant plus de nouvelles de Dumas, en vint à se demander si finalement il n'était pas préférable d'enterrer la querelle avec le réseau Elf. Si Dumas, dans un premier temps, était probablement intervenu pour

---

1. Voir Bernard Violet, *L'Ami banquier*, Albin Michel, 1998.

déconseiller à Thomson de payer, peut-être avait-il néanmoins changé d'avis. Peut-être souhaitait-il maintenant que les 160 millions soient versés. Sinon comment expliquer qu'il soit injoignable ?

On ne peut douter qu'en répondant comme il le fit, François n'exprimait pas seulement son opinion personnelle, mais aussi celle de son ami Roland. La « fille de Limoges », Dumas s'en souciait comme d'une guigne, et s'il refusait de lever le petit doigt pour Thomson, ce n'était pas à cause de cela.

Selon François, Gomez, immédiatement après, aborda le dossier Tango. Il se plaignait que Dumas soit de nouveau hostile au marché.

Pourquoi en parler à François ? Pour lui demander d'intervenir auprès de Dumas, bien sûr !

Alain Gomez rejouait une scène que je connaissais bien, pour y avoir déjà assisté lors du déjeuner à la tour Thomson.

Si l'on demandait à Jean-Pierre François : Gomez a-t-il dit ce jour là, comme Barrabès l'avait fait deux ans plus tôt, qu' « il y aura de fortes commissions pour tout le monde » ? Je suis sûre qu'il démentirait. Comment aurait-on pu lui proposer, à lui, une chose pareille ?

Si on lui demandait pourquoi le rendez-vous a eu lieu au siège d'Altus Finance, la filière financière de Thomson, et non pas à la tour de la Défense, il répondrait qu'il n'en sait rien, évidemment, que les présidents des entreprises nationales donnent leurs rendez-vous où cela les arrange, que ce n'est qu'un détail.

François étant obligeant, il rendit donc à Gomez le service requis. Il proposa même de faire au préalable une petite tournée des ministères et des industriels, sous le prétexte de prendre la température.

D'abord le cabinet de Pierre Joxe, qui se déclara favorable à la vente. Puis Serge Dassault en personne.

Attention ! François a toujours précisé qu'il n'avait pas agi en qualité de trivial intermédiaire en mal de commissions.

Commission ? Quel mot vulgaire ! Non, Jean-Pierre François, comme Dumas d'ailleurs, ne se situe pas à ce niveau commun. Il déclare n'agir que dans l'intérêt supérieur, l'intérêt général. L'intérêt national.

François avoue qu'il rendit compte du rendez-vous avec Gomez à son ami du Quai d'Orsay, y compris des propos tenus sur la « fille de Limoges ».

Dumas aurait répondu que Thomson n'avait rien à verser au réseau Elf.

Jean-Pierre François a revu Alain Gomez le 19 juin 1992, toujours dans les locaux d'Altus Finance. Toujours avec les mêmes sujets obsessionnels pour alimenter la conversation : la « fille de Limoges » d'une part, le dossier Tango d'autre part.

Du côté de la « fille de Limoges », les choses se gâtaient. Derrière elle, expliquait Gomez, il y avait d'autres gens, et notamment un vilain barbu qu'il n'aimait pas beaucoup, président d'un important groupe pétrolier français. Loïk Le Floch-Prigent ? François n'a pas la mémoire des noms. De toute façon, la réponse était invariable : Gomez devait refuser de payer, s'il estimait qu'il n'avait pas à le faire. Traduction : Dumas n'a pas changé de position. Payer Brunner ne fera pas avancer le dossier Tango. On s'en moque, de la « fille de Limoges », du poilu des hydrocarbures, et de son acolyte au cigare !

Gomez a « chaleureusement » remercié François pour ses premières interventions.

C'était donc des interventions ? Et qui auraient... réussi ? Non, bien sûr ! Juste des visites de courtoisie, à caractère informel. Qu'on ne se méprenne pas ! Si Gomez a remercié François, c'est pour avoir pris la peine d'avoir vu des gens, d'avoir perdu un peu de son temps précieux, bénévolement bien sûr, dans l' « intérêt de la France ».

Gomez demanda encore une faveur : juste une rencontre avec Dumas. Une fois. Rien qu'une fois.

Accordé ! Les portes du Quai s'ouvrirent enfin à Gomez en ce mois de juin 1992. On y parla sans doute du contrat Tango, et pourquoi pas aussi, du contrat Bravo, de la « fille de Limoges » et de bien d'autres choses sûrement, qu'il ne serait pas « convenable » – selon l'expression des diplomates – de rapporter ici.

François se retira de cette affaire sur la pointe des pieds. L' « intérêt de la France » était sauf.

À qui a-t-il rendu service en réalité ?

Tout allait bien, en tout cas, pour Dumas : bien qu'il ait déclaré au fisc 650 000 F de revenus cette année-là, il a pu verser des millions en liquide sur ses comptes. Avec une cadence particulièrement rapide durant les mois d'avril et de mai, justement.

C'était une jeune femme qui effectuait ces dépôts.

Bien sûr, les juges ont tout de suite pensé que c'était moi. Eh bien non ! Ce n'était pas moi. C'était une amie du ministre qui vivait rue de Bièvre entre l'ombre de Dumas et celle de la Brinvilliers.

Lorsqu'on parle à Alain Gomez de ces rendez-vous insolites de 1992 avec Jean-Pierre François, il devient tout de suite très nerveux. Pas de confirmation ni de démenti. Juste la langue de bois : « Je ne sais rien sur ce monsieur. »

Jean-Pierre François se souvient quand même d'avoir fait un prêt de 500 000 F à Dumas, pour acheter un appartement, à sa femme ou à sa fille. Dumas n'était pas très riche, puisqu'il a toujours été scrupuleux.

Joxe avait dit de Bérégovoy : « Cet homme ne peut être qu'honnête, regardez ses chaussettes ! » Moi je dirais : « Dumas ne peut être qu'intègre, regardez ses chaussures ! »

Comme chacun sait, il tire le diable par la queue. Alors, il fallait bien que ses vieux copains l'aident un peu de temps en temps. D'autant qu'il n'avait pas acheté qu'un seul appartement, cette année-là, si j'en juge par ce qu'il m'avait dit, mais au moins cinq. Une vraie frénésie immobilière. Après la guerre du Golfe, les prix avaient chuté. Mais tout de même. Avec les 500 000 F de François, les appartements n'ont pas dû être très grands.

Il serait faux de dire que les contacts entre Jean-Pierre François et Alain Gomez ont cessé tout à fait après le rendez-vous du 19 juin 1992. Si l'on en croit l'ex-banquier, ils se sont encore téléphoné le 26 août. On se doute qu'ils ont dû évoquer les sujets habituels et, bien sûr, l'intérêt de la France.

Tandis que Dominique Strauss-Kahn se rendait à Formose pour conclure le deuxième volet du marché, la Chine faisait des efforts désespérés pour tenter une surenchère, de 4 milliards. Certains marchands de canons hexagonaux furent clairement informés de cette proposition, et transmirent à Pékin leur accord de principe. Tant pis pour Formose ! Ils étaient prêts à vendre au plus offrant.

Le problème était que les communistes manquaient de devises. Il n'était pas question de leur faire crédit. Un émissaire chinois, également en liaison avec certains industriels français, fut secrètement dépêché à Hong Kong pour tâcher de convaincre les hommes d'affaires les plus en vue, et notamment le milliardaire Fok, titulaire d'une des premières fortunes du monde, d'avancer les fonds, moyennant un statut privilégié lorsque Hong Kong serait rétrocédé. Mais le milliardaire, soucieux de préserver des intérêts à court terme, tant à Hong Kong qu'à Macao, refusa tout net de se mêler de ces affaires délicates, et la Chine dut avaler la pilule sans broncher.

Pendant ce temps, Miara organisait sous la houlette de Sirven les préparatifs de la guerre contre Thomson.

La solution dure fut définitivement choisie au début du mois de septembre 1992. Pour Gilbert, c'était un travail à temps plein, dont il s'acquitta avec aisance et ténacité.

La stratégie fut rapidement mise en place. Le tribunal siégerait à Genève. Chacune des parties désignerait son arbitre, comme c'est la règle. Sirven choisit pour Brunner François Brunschwig, l'ancien bâtonnier de Genève. Thomson nomma Jean-Denis Bredin, qui venait d'être élu à l'Académie française au fauteuil de Marguerite Yourcenar. Les deux arbitres appelèrent à la présidence José Pedro Perez-Llorca, l'ancien ministre espagnol de la Justice.

Alfred eut une colère de plus lorsqu'il apprit que le conseil de Thomson serait l'avocat Tony Dreyfus, qui venait de quitter son maroquin de secrétaire d'État auprès du Premier ministre.

Sirven écumait de rage : Dreyfus, qu'il connaissait bien, était vraiment mal placé pour venir chercher noise au réseau Elf. Le choix de cet avocat était une provocation supplémentaire. Décidément, Alain Gomez se payait ouvertement sa tête.

Les diligences du tribunal arbitral commencèrent avec lenteur. La première initiative fut de se déplacer à la Défense pour faire ouvrir le coffre contenant le contrat du 19 juillet 1990. Dumas suivait tout cela avec un apparent détachement, mais d'un œil d'aigle. Miara me tenait régulièrement au courant de la procédure. À mon tour j'informais le ministre.

Je me rappelle qu'en feuilletant un dossier que je lui avais montré, il salivait d'envie en constatant l'importance des honoraires des arbitres.

— Mais dites-moi ! C'est vraiment très bien payé ! Vous m'avez donné une idée. Ils en ont de la chance ! Il va falloir que je me lance là-dedans, moi aussi.

En octobre 1992, en dépit de la sempiternelle et ferme opposition du Quai, la CIEEMG avalisa l'exportation à Taïwan de 60 Mirage 2000-5 et de 1 000 missiles MICA, pour 22 milliards. Avec 2,5 milliards de commissions supplémentaires à la clé. Encore un succès de la « diplomatie dumassienne » !

La colère de la Chine fut contenue, mais terrible. Et elle est loin d'être calmée au début du troisième millénaire. En représailles, certains marchands de canons français, et pas des moindres, apprirent que s'ils avaient des projets de voyage en Chine, ils devraient les modifier, car le visa leur serait purement et simplement refusé.

Au début de 1993, Roland Dumas savait que François Mitterrand, malade et âgé, ne se représenterait pas. Après être venu à bout des dossiers Bravo et Tango, le ministre ne s'occupa plus que de la succession de la richissime Nahed Ojjeh, une jeune et jolie veuve orientale.

Nahed Ojjeh était la fille du général Mustafa Tlass, ministre syrien de la Défense, ce qui valut bientôt à Dumas le surnom de « lion de la Tlass ». Elle avait été l'épouse d'Akkram Ojjeh, un homme d'affaires saoudien, décédé en 1991, qui avait amassé, notamment en servant d'intermédiaire dans les exportations militaires entre Paris et Riyad, une fortune estimée à 12 milliards.

La succession du milliardaire posait problème, car Nahed était en conflit avec les enfants des deux premiers mariages de son époux, et notamment l'aîné, Mansour.

Au mois de janvier, la DST s'était émue de voir le ministre des Affaires étrangères de la France avoir des relations avec la fille du ministre de la Défense syrien. En outre, à la même époque, le général Tlass était à Paris, à l'hôtel Prince-de-Galles, et passait beaucoup de temps avec Dumas.

Tout cela était mal interprété, car la Syrie avait une dette d'un milliard envers la France. Il est vrai que Thomson était en train de proposer à Damas un contrat de couverture radar. La concurrence était vive entre l'industriel français et l'américain Raytheon. Dumas pouvait peut-être faire quelque chose, une fois de plus.

Dumas et Nahed s'étaient d'abord retrouvés chez un ami commun, le milliardaire libanais Roger Eddé qui lui-même servait d'intermédiaire entre la France et la Libye.

Personne n'osant transmettre à Dumas la mise en garde qui s'imposait, Alfred Sirven m'avait demandé de m'en charger. C'était évidemment assez pénible pour moi, mais cela faisait aussi partie de mon travail.

– Dumas, tâchez d'être un peu plus discret! jetai-je un jour sèchement. On vous voit trop souvent avec vos amis syriens.

– Vraiment? Je ne vois pas de quoi vous parlez.

Roland Dumas n'ayant pas compris, ou feignant de ne pas comprendre, le sens de ma démarche, je ne jugeai pas nécessaire d'insister.

Lors des élections de 1993, il tenta d'utiliser la belle Orientale pour sa campagne électorale à Sarlat, en annonçant l'installation d'un scanner de huit millions. C'était elle qui devait le financer. Mais c'est Jean-Jacques de Peretti qui fut élu, cette fois.

Dumas fut battu en Dordogne, et la gauche dans toute la France.

En 1997, Nahed Ojjeh déclara devant les juges que Roland Dumas avait touché de l'argent sur de grands contrats d'exportation d'armement.

Édouard Balladur remplaça Pierre Bérégovoy à Matignon. À regret, comme on s'en doute, Dumas dut dire adieu à son cher Quai d'Orsay. Alain Juppé l'y remplaça aussitôt.

Finies, pour Dumas, les prérogatives officielles et les escapades au château de La Celle-Saint-Cloud, dont il avait fait sa résidence secondaire.

Il retrouva son cabinet d'avocat.

Au cours de l'été, Philippe Jaffré, qui occupait jusqu'alors la direction générale du Crédit agricole, remplaça Loïk Le Floch-Prigent à la tête d'Elf.

Alfred Sirven m'annonça aussitôt son départ. Puis il m'envoya un chauffeur pour prendre ma lettre de démission. Les fonctions de Sirven furent reprises par Geneviève Gomez, une proche amie de Jaffré.

Je rendis ma carte American Express, et je restai rue de Lille à attendre Dumas. Mes 27,5 millions étaient toujours en Suisse, sous la garde vigilante de Carlo Pagani.

En novembre 1993, Jean-Pierre François est intervenu en ma faveur sur la demande de Roland Dumas, pour m'accorder un salaire fictif dans une de ses sociétés de communication.

C'était à Genève. Dumas m'avait accompagnée. Je cherchais un moyen de rapatrier un peu d'argent de Suisse pour justifier de quelques revenus en France.

Nous sommes convenus de 10 000 F qui me seraient versés mensuellement. Pour la forme – Jean-Pierre François étant très prudent – je devais lui envoyer, chaque mois, une vague revue de presse. Mais je devais surtout lui rétrocéder aussitôt l'argent, en liquide. J'ai accepté.

Après ce rendez-vous, nous sommes allés tous trois déjeuner dans la vieille ville. François avait un vaste projet d'association internationale regroupant de grands décideurs. Ses propos m'ont frappée :

– Beaucoup d'argent, c'est bien, mais n'est pas assez ! affirmait-il, lyrique, l'œil brillant. C'est beaucoup plus que cela qu'il nous faut, Roland ! Ce n'est qu'à cette condition que nous aurons enfin le pouvoir ! Le vrai pouvoir !

Ayant une petite idée des fortunes respectives des deux compères, j'avais de quoi me poser quelques questions.

Je fus ainsi « embauchée » par Jean-Pierre François dès novembre 1993.

Le mois suivant, il est venu à Paris, et m'a demandé de passer chez lui pour lui remettre

20 000 F cash, en échange des deux premiers salaires versés. Il m'a prié d'élargir mon « travail » à une prospection d'annonceurs dans les villes proches de la frontière suisse, pour le *Journal français*, qui lui appartenait. Gratuitement, et à mes frais !

Comme je lui tendais les 20 000 F, il m'a demandé de lui payer aussi d'avance le mois de janvier.

J'ai pensé qu'il avait besoin de liquidités pour les fêtes de fin d'année. C'est en tout cas ce que j'ai dit, furieuse, à Dumas, avant de rompre mon contrat, un mois plus tard.

– Décidément, vous n'êtes jamais contente ! a répliqué le ministre.

Alain Gomez, lui, ne souffrit pas trop de cette période de cohabitation. Bien au contraire. Édouard Balladur lui accorda la faveur exceptionnelle d'un quatrième mandat. Mais Mitterrand, qui devait cependant signer le décret, n'était pas très décidé. En 1982, il avait nommé Gomez, qui passait pour un homme de gauche, et onze ans plus tard, il le voyait retourner sa veste.

D'après plusieurs témoignages [1], Gomez aurait alors menacé de révéler l' « histoire des frégates chinoises » pour emporter la décision de l'Élysée. Mitterrand dut le garder.

C'est au moment de ces menaces que Dumas me demanda, affolé, de transmettre de toute urgence

---
1. Voir Valérie Lecasble et Airy Routier, *Forages en eaux profondes* Grasset, 1998, p. 280.

un message aux membres du réseau Elf. Il fallait arrêter immédiatement la procédure engagée contre Thomson et trouver un accord amiable. Dumas se démena. Il organisa même une petite cellule de crise lors d'un déjeuner au Ritz avec Miara et Soroquère.

Mais la procédure ne faisait que commencer. Peu après que Édouard Balladur eut décidé d'arrêter les livraisons d'armes à Taïwan, et tandis que Elf était privatisée, les témoins commencèrent à défiler à Genève, où sans doute par délicatesse, mais surtout parce que Dumas avait fait le nécessaire, on prit bien soin de ne pas me citer, pas plus que l'ex-ministre, évidemment.

Edmond Kwan fut mandaté pour représenter Brunner. Il n'avait qu'une place secondaire dans le réseau, mais Sirven ne tenait pas à apparaître, sinon comme témoin. Miara n'y tenait pas trop non plus.

C'est pour cette raison que beaucoup ont ironisé sur le rôle de Kwan. Non, Brunner, ce n'était pas lui, bien sûr.

C'étaient Alfred Sirven, et Gilbert Miara qui avait repris mes intérêts.

Il ne faut pas pour autant en conclure que Kwan n'ait pas agi en Chine, et qu'il n'ait été qu'un homme de paille.

Il vint en qualité de témoin au milieu du mois de mars 1994, et expliqua comme il put qu'il était bien intervenu à Pékin, notamment pour préparer la visite de Zhu Rongji à Paris.

Le Floch, devenu P-DG de Gaz de France, fut également sollicité. Il était pris entre deux feux.

Tony Dreyfus lui demandait avec insistance de lâcher le réseau Elf. D'un autre côté, Le Floch ne voulait pas abandonner Sirven, son vieux camarade. Il devait d'ailleurs prendre ses responsabilités, car il avait toujours soutenu notre action.

Le Floch décida de ne pas se présenter aux auditions, mais d'écrire à la Cour. Miara m'apporta un jour l'original d'un de ces courriers, et le faxa à Genève de chez moi. Je retrouvai ce document tout à fait par hasard, rue de Lille, au printemps de 1997. Dumas parvint, par un intermédiaire, à s'en emparer pendant mon incarcération, et le détruisit : Le Floch y insistait un peu trop sur le rôle capital du ministre des Affaires étrangères dans le dénouement de l'opération Bravo.

Dans les attestations de Loïk Le Floch-Prigent, Kwan fut présenté comme l'un des honorables correspondants d'Elf pour la Chine. Le Floch indiqua aussi qu'il était du devoir d'Elf d'aider « sa consœur » Thomson. Que cette aide passait par le Quai d'Orsay. Que le cabinet de Dumas aurait toujours entretenu des relations directes avec Thomson.

Le Floch citait le ministre, selon lequel les correspondants d'Elf « avaient vraiment fait du bon travail » en Chine.

En défense, Thomson, usant de tous les artifices de la mauvaise foi, a soutenu que l'intervention du réseau Elf s'était limitée à un trafic d'influence illégal.

Miara a été entendu à Paris, au cabinet de Jean-Denis Bredin. Sa position était assez délicate, car s'il se montrait maintenant très actif pour essayer de régler le contentieux, il n'était, de fait, intervenu dans l'opération Bravo qu'au tout dernier moment. Les relations suivies qu'il entretenait à présent avec Sirven ne dataient, comme on l'a vu, que du printemps 1991. Sans doute m'avait-il servi de conseiller officieux, mais il n'avait jamais été en contact direct avec Dumas avant l'automne 1992. Il lui était donc difficile d'expliquer aux arbitres son rôle exact. Kwan avait entendu parler de lui par Alfred, mais ne l'avait rencontré qu'au moment où l'opération Bravo touchait à sa fin. C'est sans doute la raison pour laquelle l'audition de Gilbert Miara ne fit l'objet d'aucun procès-verbal.

Le tribunal arbitral rendit son verdict le 23 août 1996, après que Alain Juppé, devenu Premier ministre, eut renvoyé Alain Gomez dans ses foyers, pour le punir d'avoir soutenu Édouard Balladur lors de l'élection présidentielle. Thomson fut condamné à payer à Brunner la somme de 160 millions augmentée des intérêts de retard au taux légal français. L'addition était lourde : 230 millions !

Cette décision, du reste exécutoire, fut confirmée en appel par la cour fédérale de Lausanne le 30 janvier 1997.

Sans attendre, un huissier se présenta le 3 décembre 1996 pour faire exécuter le jugement au siège des banques parisiennes où Thomson, alors engagé dans un processus de privatisation à la demande du Premier ministre, avait des comptes. Une première tentative de saisie, à Genève, s'était révélée infructueuse.

Thomson n'avait plus qu'à payer. Ses avocats ne trouvèrent qu'une parade pour gagner du temps : le principe juridique selon lequel « le pénal prime le civil en l'état » laissait espérer plusieurs années de sursis. C'est ainsi que Marcel Roulet, le nouveau président de Thomson, déposa une plainte contre X pour tentative d'escroquerie, X étant bien entendu Alfred Sirven et moi-même. Une ultime manœuvre dilatoire.

Lorsqu'il apprit que le réseau Elf avait gagné, Dumas, devenu président du Conseil constitutionnel, me tint des propos surprenants :

— Vous ne manquerez pas de dire à vos amis que j'ai beaucoup fait pour arranger les choses.

À la fin de 1999, la Justice ne s'était toujours pas prononcée sur l'opportunité de verser ou non à Brunner la commission prévue en 1990. Épisodiquement, l'affaire revient devant la cour d'appel de Paris, qui procède à des renvois, en attendant que les juridictions répressives aient tranché. L'instruction ayant à peine débuté au pénal, et l'un des principaux protagonistes – Alfred Sirven – étant absent, ce petit jeu peut durer quelque temps. Dumas, comme on le voit, devra sans doute attendre encore un peu pour aller réclamer lui-même ses 10 %.

La presse, à chaque fois qu'une audience a lieu, ne manque pas de se demander qui agit derrière Brunner, dont Edmond Kwan est toujours le mandataire apparent. Eh bien, les bénéficiaires n'ont pas changé : Alfred Sirven et Gilbert Miara qui, par avocats interposés, continuent à batailler obstinément pour que soit enfin payée la commission due sur les frégates de Taïwan.

8

Chinoiseries

Edmond Kwan, à n'en pas douter, a joué à Pékin un rôle sérieux en renforçant l'action, jusqu'alors stérile, des correspondants de Thomson, Dassault, et Matra, tels que Tian Qing, la fille de Liu Shaoqi, ou Hua Ping, un Eurasien qui agissait en collaboration avec une Française, ex-interprète de Laurent Dassault.

Il est toujours difficile de mesurer la portée exacte d'une opération de lobbying quand on ne se trouve pas sur place, mais les échos précis que j'ai pu avoir à l'époque et les informations que j'ai pu recueillir depuis ne me laissent pas penser un seul instant que la réalité du travail d'Edmond Kwan ni ses diligences en Chine puissent être mises en doute.

Qu'il ait réclamé à Sirven une rémunération relativement modeste (encore s'agit-il tout de même de 4 millions de dollars!), qu'il ait été embarrassé d'avoir à représenter à lui seul le réseau devant le tribunal arbitral, c'est un autre problème.

On lui a fait le reproche de s'être trompé lors de son audition devant la juridiction de Genève en évoquant seize frégates au lieu des six vendues. C'est sans doute oublier que, en 1990, Alain Gomez, comme on l'a dit, avait préparé un projet d'exportation clandestine où il était bien question de seize coques de navires.

Bref, il est un peu dangereux de conclure trop hâtivement dans un sens ou dans un autre quand on se limite aux rumeurs propagées par Thomson, sans avoir les moyens de vérifier de quoi on parle.

À l'automne de 1997 les officines des professionnels de l'écran de fumée s'en sont donné à cœur joie pour fourvoyer les journalistes qui commençaient à s'intéresser d'un peu trop près à la réalité du contrat Bravo. Les salles des rédactions parisiennes ont vite été déroutées vers un sujet sur le moment plus spectaculaire, mais en fait plus anodin : Deviers-Joncour et Dumas. La question de Taïwan s'est trouvée ainsi réduite à une paire de chaussures, à un appartement, et aux « 45 millions » que j'avais reçus. Il est même des gens pour se gargariser encore de ces aspects mineurs d'une affaire d'État.

On s'est ainsi privé de poser la question des commissions. On ne s'est pas demandé s'il était bien raisonnable de croire qu'il y avait eu besoin de verser des milliards en Asie pour que le contrat Bravo soit signé.

Deux noms ont été systématiquement livrés à la presse : « Lily Liu » ou « Lily Siu », et « André Wang » qu'on a même appelé familièrement « Dédé ». Après Dédé la Sardine, Dédé la Frégate !

Chacun a dû s'accommoder de ces noms sans visage et les assaisonner à sa convenance, en se faisant l'écho involontaire de ce que Gomez voulait à toute force laisser entendre : c'étaient ceux-là les vrais intermédiaires ; c'étaient eux qui méritaient d'être payés sans discuter. À lire les commentaires élogieux à leur sujet, rédigés par des gens de bonne foi, mais qui ne les ont évidemment jamais rencontrés, le réseau Elf, comparé à ces énigmatiques entremetteurs, ne pouvait qu'être qu'un nid d'escrocs.

Dès lors, on n'hésita plus à parler ouvertement de l' « arnaque » de Sirven, et de ses « complices ». La messe était dite. Alain Gomez avait bien eu raison de ne pas payer, car il avait déjà récompensé les vrais héros de l'opération. L'affaire était entendue avant d'être jugée, et les « coupables » désignés avant même que l'instruction n'ait commencé.

En réalité, les réseaux d' « André Wang » et de « Lily Liu » n'ont jamais existé.

Ces deux noms, que d'astucieux manipulateurs, dans un souci de désinformation, avaient livrés en pâture aux curieux, en assortissant ces prétendues révélations des rumeurs les plus invraisemblables, ne correspondent en fait qu'à des gens de paille qui n'ont eu qu'un seul rôle : servir à justifier *a posteriori* le versement d'exorbitantes commissions.

En novembre 1999, on a parlé de lever le Secret Défense qui voile l'affaire Bravo. Roland Dumas avait soudain rejoint les amis de la transparence. À quoi bon, si c'est pour retrouver, après des mois d'enquête, ces noms-là, abrités derrière des sociétés écrans ?

Opération Bravo

« Dédé Wang » s'appelle en fait Andrew Wong. C'est un homme d'affaires bien connu à Hong Kong, pour n'avoir guère d'envergure, et surtout pas les moyens d'approcher ceux qui – à Formose comme à Pékin – auraient pu prendre la moindre décision. Il a eu son heure de gloire lorsque les Chinois ont vendu des missiles Silk Worm à l'Arabie Saoudite, en prélevant une petite dîme à l'occasion. Ensuite, il est redevenu ce qu'il était. Un relais. Un prête-nom. Une boîte aux lettres.

Ses activités, regroupées autour d'une petite société basée à Hong Kong, n'ont jamais été bien florissantes, ni avant ni surtout après le prétendu versement de la faramineuse commission de 3 milliards.

Si on l'a payé, c'est juste pour que son nom en cache d'autres. Son rôle ? Renvoyer en France, par les chemins les plus tortueux possible, l'essentiel de ce qu'il avait reçu, au prix d'un salaire relativement modeste.

L'autre nom a excité davantage les esprits qui s'échauffaient, puisque c'était celui d'une femme. On l'a imaginée exotique, bien sûr, séduisante, romanesque, fatale. D'aucuns se sont même risqués à la décrire. Sûrement une brune !

On a même évoqué des liens avec Alain Gomez, lequel, amusé sans doute par ces bévues, a toujours laissé planer un doute sur les relations qu'il aurait pu entretenir avec ce fantôme.

« Lily Liu », on a cru la voir partout : à Pékin, à Taïwan, à Washington, à Londres, et même à Paris. Elle menait, paraît-il, grand train. Elle était irrésistible. Ah, que n'a-t-on pas dit sur elle !

Ceux qui parlaient de « Lily Liu » faisaient l'amalgame, sans le savoir, entre trois femmes, dont deux seulement portent effectivement ce nom.

La première Lily Liu est chinoise. C'est la fille d'un général de l'armée communiste. Elle n'a rien à voir avec l'affaire qui nous intéresse.

La seconde est taïwanaise, bien qu'aujourd'hui les autorités de Formose prétendent ne jamais avoir entendu parler d'elle.

Son père était général dans l'armée de Tchang Kaï-chek. Née au milieu des années cinquante, elle est pourtant bien connue à Taipeh, où elle fut très liée aux milieux militaires, et notamment à un officier dont elle aurait été l'intime. Une jeune femme ordinaire, même si sa sœur, Liu Chuan, a été, dans les années soixante-dix, le premier *top model* de Hong Kong.

C'est cette sœur, Liu Chuan, qui a eu l'idée de se lancer dans les affaires. Au début des années quatre-vingt, songeant à monter une école de mannequins à Shangai, elle fit venir Lily Liu pour l'aider. D'abord à Hong Kong, puis à Pékin.

Lily Liu disposait d'un passeport des États Unis, pour s'être mariée à un Américain qui vivait à Tokyo.

Rapidement introduite dans les milieux interlopes qui papillonnaient autour des hautes sphères du Parti, Lily Liu rencontra Hua Ping, qui venait de débarquer de Paris, et qui, même s'il ignorait à peu près tout de la réalité chinoise, s'était débrouillé pour faire croire à Matra qu'il était l'homme de la situation à Pékin.

En réalité, Hua Ping n'avait aucune influence sur qui que ce soit. Mais, bientôt associé avec Lily Liu, il allait constituer un petit réseau de lobbying, qui se fit fort, auprès des représentants locaux des marchands de canons français, de pouvoir intercéder au plus haut niveau.

C'est dans ces conditions que Gomez entendit parler de Lily Liu.

Quoi qu'il en soit, les relations anciennes de Lily Liu avec les milieux militaires de Formose, si elles éveillaient quelque intérêt à Pékin, y suscitaient surtout la plus extrême méfiance.

Mais si la jeune femme restait tenue à l'écart des milieux qu'elle tentait désespérément d'approcher pour faire avancer ses affaires, elle parvint malgré tout à se faire présenter à quelques vieux généraux qui avaient bien connu son père avant 1949.

On ne comprendrait rien à la Chine si l'on n'avait en tête que beaucoup d'officiers, qu'ils aient choisi le camp de Tchang Kaï-chek ou celui de Mao Tsé-toung, avaient commencé ensemble leur carrière et se connaissaient bien. Ils appartenaient au même milieu, se référaient aux mêmes traditions, étaient souvent issus des mêmes familles.

De telles relations dans les sphères militaires avaient sans doute de quoi impressionner quelques barbouzes françaises égarées en Chine, qui ne voyaient *a priori* aucune différence avec l'Afrique. Car si en Afrique les militaires jouent un rôle déterminant (surtout lorsqu'ils ont été formés dans l'armée française !) en Chine ce n'est pas tout à fait la même chose, loin de là. Ce n'est pas l'armée qui décide, c'est le Parti. Et au Parti, Lily Liu n'a jamais eu aucune introduction particulière.

Les seuls politiques chinois qu'elle ait bien connus sont des personnages plutôt troubles. La plupart d'entre eux sont morts ou purgent de longues peines de prison.

Tel l'ancien maire de Pékin, Wang Bao Sen, qu'on a retrouvé « suicidé » le 4 avril 1994 après qu'on l'eut accusé d'avoir détourné 37 millions de dollars.

Mais cette absence de connexions est vite apparue, aux yeux des responsables de Thomson, comme un avantage. Car si Lily Liu n'était pas vraiment importante en Chine, on pouvait facilement se servir d'elle dans une opération destinée à effacer les traces des commissions. N'ayant pas de relations fameuses et se trouvant en fait isolée, elle ne serait pas gênante. Une fois les pistes brouillées, elle serait trop heureuse d'avoir gagné un peu d'argent sans avoir pris beaucoup de risques.

Ce qu'elle a pu recevoir ne correspond qu'à ce qu'on verse ordinairement à ceux qui interviennent dans les actions de blanchiment. Comme Andrew Wong, elle n'a servi qu'à une seule chose : prêter son nom à une opération sans précédent de rapatriement de bakchichs tricolores. Il est possible qu'elle ait distribué, çà et là, quelques pourboires, mais ces « commissions », versées à Pékin ou à Taïwan, sont restées, tout comme sa propre rémunération, relativement modiques.

Dès 1993, le président Jiang Zemin avait, de manière spectaculaire, déclaré la guerre à la corruption. À Pékin, on se débarrasse des ripoux de manière plus expéditive que chez nous : les politiques pris la main dans le sac sont passibles du poteau d'exécution. Mais la Chine préfère laver son linge sale tranquillement. Et Dieu sait que Lily Liu pourrait en dire des choses intéressantes sur les ripoux. Elle les connaît bien : ripoux de Pékin, ripoux de Taipeh, ripoux de Paris aussi, tous unis par le pacte du silence. Voilà une bonne raison pour qu'elle ne sorte pas de Pékin, où elle s'est réfugiée en 1997.

Et puis, les renseignements de premier ordre qu'elle détient ont une valeur inestimable. À ceux qui les ont obtenus, ils donnent prise sur Taïwan, mais aussi sur la France.

Grâce à Lily Liu, le matériel militaire vendu par Thomson n'a plus de secrets pour Pékin. La corruption hexagonale non plus, puisque la Chinoise est informée sur le retour et sans doute la répartition des rétrocommissions. Tout cela est évidemment de la plus grande utilité pour récupérer Taïwan sans que Paris puisse dire grand chose.

De ce fait, Lily Liu est sous bonne garde, d'abord pour qu'elle ne disparaisse pas dans la nature, ensuite pour que personne ne se risque à essayer de lui faire perdre définitivement la mémoire. Car tout autant que Sirven, elle détient sinon des explosifs qui pourraient faire sauter notre République, du moins assez de détergent pour faire une grande lessive.

On comprendra que dans le microcosme français personne n'y a intérêt. Chacun est tenu par chacun. Si ce n'est pas personnellement, c'est à travers un parti, un réseau, une loge.

Voir tomber un adversaire impliqué dans quelque friponnerie, c'est s'exposer à ce que le coupable, une fois confondu et n'ayant plus rien à perdre, lâche les noms des voleurs du camp opposé, et à ce que tout le monde se retrouve dans le même sac. Pour l'opinion, tous les politiques seraient vite perdants. Il vaut donc mieux se serrer les coudes. Telle est la raison du pacte fondamental des prévaricateurs, de l'union sacrée du carambouillage.

On cherche Alfred partout, mais on ferait mieux de trouver Lily Liu. Si elle donnait un jour une conférence de presse, j'en connais à Paris qui auraient intérêt à changer d'air.

Du coup, elle a pris un peu d'importance en Chine, à la faveur de cette affaire. Depuis sa retraite, elle essaie d'être active, sponsorise des concours de mannequins à Shanghai, et surtout dirige à distance une société de Hong Kong, associée au très officiel COSTIND (Committee of Science and Technology for the National Defence). Lily Liu s'y occupait, à la fin de 1999, de divers projets, dont l'implantation d'un métro à Pékin, ce dont sa société aurait d'ailleurs l'exclusivité. Une petite compensation de nature à faire saliver beaucoup d'investisseurs français.

Même s'il a été dit que Lily Liu avait un train de vie de princesse, plusieurs sources confirment que son « aisance » serait en réalité très limitée, au point qu'elle aurait les plus grandes difficultés à réunir les fonds nécessaires pour mener à bien l'étude du projet dont sa société est chargée.

Nous avons parlé de trois femmes. La dernière ne s'appelle pas Lily Liu. On l'a pourtant confondue avec elle. Elle est chinoise. On l'a souvent vue à Londres avec un Français, ancien dirigeant d'une grosse entreprise d'armement et d'électronique. Ils avaient l'air de bien s'amuser.
Cette Chinoise-là est beaucoup plus affriolante. Elle aussi faisait des affaires. Elle essayait d'entraîner dans ses filets londoniens les entreprises pétrolières désireuses de s'implanter en Chine. Ces activités ont malheureusement suffisamment attiré l'attention de l'administration fiscale britannique pour que la belle juge plus prudent de se replier à New York.

Lily Liu s'est donc retirée à Pékin. Andrew Wong s'est caché à Hong Kong, évitant tout contact, et ayant fait changer ses numéros de téléphone. Edmond Kwan a, lui aussi, demandé asile aux communistes, pour se camoufler à Shanghai. Même s'il a contribué à vendre les frégates de Taïwan, il considérait sans nul doute qu'il avait moins à redouter de Pékin que de ceux qui n'ont pas intérêt à ce que le voile se lève un jour sur les « mystères » de l'opération Bravo.
Si tous ces gens ont eu peur, c'est qu'il y a eu des précédents. L'affaire de Taïwan présente en effet une particularité remarquable : il y a eu mort d'homme.

En décembre 1993, peu avant que ne débutent à Genève les premières auditions du tribunal arbitral, on a repêché un corps qui flottait entre deux eaux dans le port de Taipeh. C'était celui du captain Yin Chin Feng, numéro deux de la marine taïwanaise. Égorgé selon les uns, criblé de balles de 38 selon les autres, en tout cas, bel et bien trépassé de mort violente.

Certains commentateurs ont dit que s'il avait été liquidé, c'était parce qu'il avait touché une commission sur le contrat.

Pourtant, si tous ceux qui touché de l'argent à l'occasion des contrats Bravo et Tango avaient été assassinés, à quel carnage n'aurait-on pas assisté à Paris !

Il est plus vraisemblable de penser que Yin Ching Feng a été tué parce qu'il avait été chargé d'une enquête sur les commissions versées à l'occasion de la vente des frégates, et qu'il était prêt à parler.

Taïwan avait le plus grand intérêt à procéder à cette enquête. Il était convenu dans le contrat qu'aucune commission ne devait être versée. Si tel était le cas, les Taïwanais se réservaient de contester la vente, et bien sûr, de suspendre les paiements en cours. Plusieurs milliards étaient encore en jeu au moment de ce meurtre.

Ne plus payer : c'est la menace que Formose n'a du reste pas manqué de brandir publiquement en 1997, lorsque la vente des frégates a commencé à être évoquée dans la presse. Il en a été question une fois encore, lorsque l'affaire de la MNEF a éclaté.

Opération Bravo

Toujours à la fin de l'année 1993, quatre personnes impliquées dans des opérations de blanchiment auraient, comme Yin Chin Feng, trouvé la mort. Au Cameroun cette fois. Une mort subite et inexpliquée.

Des bons du Trésor auraient été émis au Gabon : c'est une pratique classique de passer par l'Afrique

L'argent venait d'Asie. Plus précisément de la Shanghai Bank. On murmure qu'il s'agirait effectivement de sommes provenant des contrats Bravo et Tango, destinées à être aiguillées vers des comptes suisses détenus par d'importants ressortissants français. Un dirigeant de l'armement aurait même touché à cette occasion une gratification de 300 millions...

Au début du troisième millénaire, la situation est en tout cas très tendue dans le détroit de Formose. Les manœuvres d'intimidation de l'armée chinoise ont repris de plus belle. Pékin vient de s'équiper en Russie de nouveaux matériels, en particulier de sous-marins, dont l'aéronavale française a d'ailleurs vu passer, au cours des derniers mois de 1999, un magnifique spécimen transporté à même le pont d'un cargo qui cabotait tranquillement au large d'Ouessant. Plus que jamais, « mes » frégates risquent d'être utiles à Taïwan pour se préserver d'une attaque.

Car si Pékin a récupéré pacifiquement Hong Kong en 1997, et Macao en 1999, la question de Formose est loin d'être réglée.

Et si la guerre de Chine éclatait, quelle serait l'attitude de la France ?

Chinoiseries

En attendant, les Taïwanais préfèrent s'équiper aux États-Unis, où ils viennent d'acheter, pour 5 milliards de dollars, quatre navires de la classe Aegis pour intercepter d'éventuels missiles chinois.

9

Le bonjour d'Alfred

Depuis le début de 1999, je n'ai jamais fait mystère de ma ferme intention d'établir un contact avec Alfred Sirven, simplement pour lui demander de dire haut et fort ce qu'il sait des affaires auxquelles j'ai été mêlée.

Un contrôle judiciaire m'a été imposé à ma sortie de prison, qui m'interdit de voir plusieurs personnes, impliquées dans les dossiers où j'ai été mise en examen.

Parmi ces gens, dont le nom figure du reste sur une liste officielle, certains me sont totalement étrangers. Il en est d'autres, en revanche, que je connais bien : Roland Dumas, Gilbert Miara, et bien entendu Alfred Sirven.

À l'heure où j'avais reçu de sérieuses menaces, le fait de manifester publiquement mon intention d'entrer en communication avec lui, au risque de ne pas respecter les conditions imposées par la Justice, et donc de retourner en prison, n'était pas tant une provocation qu'une manière de lancer un SOS à celui qui fut mon patron pendant plus de cinq ans, et qui est donc le mieux placé pour éclairer les magistrats. Je voulais également rompre l'isolement dans lequel j'avais été plongée.

C'était enfin une façon de m'assurer qu'Alfred Sirven était bien en vie, car beaucoup de rumeurs ont couru à ce sujet. Certains n'avaient pas hésité à le déclarer mort. Les « Corses », disaient-ils, l'auraient liquidé. C'est peut-être vrai. Je pouvais d'ailleurs craindre le même sort.

J'ai toujours douté, cependant, de la probabilité de cet assassinat, dans la mesure où Alfred est un homme prudent. De ce fait, même au cas où il serait amené à s'expliquer devant la Justice, il ne prendrait jamais le risque de répondre à des questions qu'on ne lui aurait pas posées. Tout le monde le sait.

Et même si, malgré cela, certains venaient à considérer qu'il est trop dangereux de laisser vivre Alfred Sirven, ils doivent savoir qu'au cours de ses activités, notamment dans le cadre d'Elf-Aquitaine, il a traité tant de dossiers délicats, et distribué tant de « caramels » aux hommes politiques connus, qu'il détient nécessairement des documents extrêmement sensibles.

Je crois pouvoir confirmer qu'il y en aurait assez, sinon pour « faire sauter vingt fois l'État », comme il a été dit, du moins pour décapiter d'un coup une partie de la classe politique française, et provoquer un nettoyage par le vide sans précédent dans notre Histoire.

Je ne doute pas qu'il ait pris toutes précautions pour que ces documents soient prêts à être largement et immédiatement diffusés, au cas où il lui arriverait malheur. Autant de missiles d'autant plus susceptibles de frapper « chirurgicalement » qu'ils partiraient en nombre, et en ordre dispersé, de là où on s'y attendrait le moins. C'est aujourd'hui son assurance-vie. L'assassiner serait donc un remède bien pire que le mal.

Il m'a été dit que jusqu'à la fin de l'année 1998, Alfred ne pouvait pas être recherché, du fait que le dossier d'Interpol qui le visait s'était mystérieusement « autodétruit ». Je n'ai pu m'empêcher d'en sourire.

D'autres m'ont assuré qu'Alfred était venu à plusieurs reprises en France, sans laisser aucune trace à la police de l'air et des frontières.

On a dit encore qu'il bénéficiait de l'aide de services secrets : allemands, israéliens, et même français.

Il me semble après tout normal que si, dans la clandestinité, Alfred Sirven a rendu, comme je le crois, d'éminents services à son pays, dont il ne saurait évidemment faire état, ce même pays fasse quelques efforts, non pas pour le soustraire à la Justice, mais pour le protéger, jusqu'à ce qu'il puisse venir s'expliquer dans les conditions de sérénité requises.

Par ailleurs, la France n'a sûrement pas intérêt à ce que les informations d'Alfred tombent entre des mains inamicales.

Sirven aurait donc été « vu » un peu partout : en Afrique du Sud, au Congo, à Oman, et plus récemment aux Philippines.

Pour ma part, j'ai été quelquefois approchée par des gens qui se sont fait fort de me donner des nouvelles. Il est toujours très difficile de vérifier de telles informations. Ces nouvelles, vraies ou fausses, étaient en général rassurantes.

Par un système de cloisonnement très complexe, j'ai eu l'occasion de croiser, au printemps de 1999, des gens qu'on peut estimer dignes de foi, et qui, sans savoir où se trouvait Alfred Sirven, avaient des raisons de croire qu'il se portait bien. Je leur ai aussitôt demandé de transmettre, s'ils le pouvaient, un message, par lequel je suppliais Alfred de m'adresser un signe ou de se manifester auprès de la Justice.

Plusieurs semaines s'étaient écoulées. Mes correspondants m'assuraient qu'ils faisaient tous les efforts possibles pour obtenir un retour, mais que c'était extrêmement difficile, dans la mesure où Sirven se servait de nombreux relais que lui seul avait choisis, et qui changeaient tous les jours. De sorte qu'une personne qui avait eu un contact avec Alfred le perdait aussitôt. Ces relais ne pouvaient communiquer, et généralement ne se connaissaient pas, ce qui les préservait *a priori* de toute tracasserie judiciaire.

Il n'était pas non plus possible de joindre Alfred. C'était Alfred qui appelait. On disait même que, par prudence, il ne se servait que de téléphones cellulaires, et changeait de ligne après chaque communication. Les appels n'arrivaient jamais à l'heure prévue, de sorte qu'aux quatre coins du monde les relais attendaient pendant des heures qu'Alfred se manifeste enfin. Son salut était à ce prix.

Le bonjour d'Alfred

J'imaginai l'enfer que ce pouvait être de vivre en usant de telles précautions.

Je ne pouvais également m'empêcher d'être émue à l'idée qu'au moment où Alfred était traité d'escroc par des gens qui le condamnent sans qu'il puisse dire un mot pour se défendre, d'autres l'estimaient assez pour patienter ainsi, des journées entières, devant un téléphone.

Ceux que j'ai pu croiser m'ont toujours dit que la France le lui devait bien, et qu'ils avaient une assez bonne opinion de lui pour ne pas hésiter un instant à lui rendre ce petit service.

J'ignore si tout cela est exact, mais en tout cas j'avoue que je ne restai pas indifférente.

Le 23 mai 1999, un document à la fois troublant et émouvant m'a été remis.

Il s'agissait d'une télécopie, sur laquelle n'apparaissait aucune indication de la provenance géographique de l'appel. Ce document ne comportait pas de signature ni de nom de destinataire. Il avait été visiblement tapé sur une machine à écrire désuète.

Je le lus en tremblant un peu.

Le texte en était très mesuré, et s'il comportait quelques phrases allant dans mon sens, il n'avait rien non plus de complaisant à mon égard.

Ce qui m'a troublé, c'est qu'il ne s'adressait pas tant à moi qu'aux magistrats chargés de l'enquête.

Par ailleurs, j'y ai relevé plusieurs expressions qu'Alfred utilisait souvent.

Enfin, le rédacteur y faisait d'emblée allusion à sa « sécurité ».

S'agissait-il de sa sécurité physique ou d'une simple mesure de précaution vis-à-vis de la Justice ? Pourquoi cherchait-on à m'utiliser pour transmettre ce message, plutôt que de passer par des avocats ? Était-ce une mystification ? Et dans quel intérêt ? Faire croire qu'Alfred serait encore vivant alors qu'il serait mort ?

Je n'ai aucune réponse définitive à apporter à toutes ces questions inévitables.

En bas du feuillet, un nom s'étalait en tout cas : celui d'Alfred Sirven.

Je me suis bien entendu interrogée sur le sens qu'on pouvait attribuer à ce message. Dans le doute, je n'ai pas estimé utile, dans un premier temps, de le transmettre à la Justice, encore moins d'en informer la presse.

C'était une période où Alfred Sirven défrayait plus que jamais la chronique. L'excitation de certains, soucieux d'obtenir un scoop à tout prix, était même assez déplaisante. Je n'ai pas voulu en rajouter.

Les magistrats s'étaient, du reste, déplacés en Afrique du Sud, pour le retrouver ou en tout cas tenter d'établir un contact.

Pour toutes ces raisons, la pression judiciaire et médiatique me semblait trop pesante pour prendre le risque de diffuser une information qu'il était *a priori* difficile d'authentifier. Au demeurant, le texte lui-même laissait entendre qu'Alfred ne tarderait pas à donner de ses nouvelles. Il n'y avait qu'à attendre.

Aujourd'hui, après avoir tenté d'expliquer ce que je sais de l'opération Bravo, il me semble intéressant, en guise d'épilogue, de dévoiler cet aspect récent de mon histoire.

Inutile de préciser que si je prends la liberté de citer ce document, c'est que je suis en mesure de justifier que ce n'est pas moi qui l'ai écrit, et qu'il m'a bien été remis par des tiers tout à fait crédibles, qui n'ont pas jugé opportun de voir leurs noms cités dans cet ouvrage. Je respecte donc leur volonté et peut-être aussi celle d'Alfred Sirven lui-même.

« 23 / 05 / 99   18 h 26   [tél. expéditeur :] 000000000

« Par mesure de sécurité, en vous remerciant de bien vouloir transmettre ces informations aux Juges Éva Joly et Laurence Vichnievsky.

« Souhaitant très prochainement assurer ma défense dans des conditions respectables et raisonnables, contrairement à toutes les accusations proférées, je suis décidé à me faire entendre par les magistrats chargés de ce dossier, en leur faisant une entière confiance quant au déroulement de la mise en examen qui s'ensuivra.

« Je souligne qu'une détention, même provisoire, me serait fatale, et ne pourrait en aucun cas aider la Justice.

« Indépendamment de ma décision, et par souci d'honnêteté, je tiens absolument à confirmer les déclarations de Madame Christine Deviers-Joncour, concernant le don des Statuettes et l'appartement de la rue de Lille.

« Madame Christine Deviers-Joncour n'avait aucune initiative à prendre. Elle ne peut être responsable des affaires qui lui sont reprochées, même si elle en a bénéficié indirectement (cela peut se comprendre !)

Opération Bravo

« En m'abstenant de toutes critiques envers les magistrats en exercice, je reconfirme prendre contact avec ces magistrats très prochainement.

« Alfred Sirven »

Table

1. Putain de République! 9
2. Mitterrand et les marchands de canons...... 43
3. Une Chine peut en cacher une autre........ 65
4. La mission............................. 83
5. Courtisane ou intermédiaire de la France?... 105
6. Règlements de comptes.................... 127
7. Rue de Lille............................ 149
8. Chinoiseries............................. 169
9. Le bonjour d'Alfred...................... 183

Cet ouvrage a été réalisé par la
SOCIÉTÉ NOUVELLE FIRMIN-DIDOT (Mesnil-sur-l'Estrée)
pour le compte de La Librairie Plon

Achevé d'imprimer en janvier 2000

Imprimé en France
Dépôt légal : février 2000
N° d'édition : 13174 – N° d'impression : 49787